Markus Hermannsdorfer

Jackpot!

Wie Du an der Börse immer gewinnst und ein riesiges Vermögen aufbaust

Band 1 der Serie „Just be free – Dein Weg in die Freiheit"

www.markushermannsdorfer.com

www.tredition.de

© 2016 Markus Hermannsdorfer
Umschlag, Illustration: Corey Landis
Lektorat, Korrektorat: Sandra Schwarz

Verlag: tredition GmbH

ISBN
Paperback: 978-3-7345-1657-3
Hardcover: 978-3-7345-1662-7
e-Book: 978-3-7345-1658-0

Printed in Germany

Das Werk, einschließlich seiner Teile, ist urheberrechtlich geschützt. Jede Verwertung ist ohne Zustimmung des Verlages und des Autors unzulässig. Dies gilt insbesondere für die elektronische oder sonstige Vervielfältigung, Übersetzung, Verbreitung und öffentliche Zugänglichmachung.

Haftungsausschluss

Die in diesem Buch dargestellten Strategien wurden sorgfältig geprüft und in der Praxis getestet. Absicht des Werkes ist, interessierten Lesern hilfreiches und informatives Wissen zu vermitteln. Die enthaltenen Strategien passen möglicherweise nicht zu jedem Leser. Aufgrund der Unberechenbarkeit der Aktienmärkte funktionieren die beschriebenen Strategien möglicherweise nicht für alle Leser. Abgesehen davon stellt der Handel mit Wertpapieren generell ein Risiko dar, das den Verlust von Vermögen zur Folge haben kann.
Die Benutzung dieses Buches sowie die Umsetzung der darin enthaltenen Informationen erfolgt ausdrücklich auf eigenes Risiko. Weder der Verlag, noch der Autor kann für etwaige Schäden jeder Art aus keinem Rechtsgrund eine Haftung übernehmen. Haftungsansprüche gegen den Verlag oder Autor für Schäden materieller oder ideeller Art, die durch Nutzung oder Nichtnutzung der Informationen bzw. durch die Nutzung fehlerhafter und/oder unvollständiger Informationen verursacht wurden, sind grundsätzlich ausgeschlossen.
Das Werk inklusiver aller Inhalte wurde unter größter Sorgfalt erarbeitet. Verlag und Autor übernehmen jedoch keine Gewähr für die Aktualität, Korrektheit, Vollständigkeit und Qualität der bereitgestellten Informationen. Druckfehler und Fehlinformationen können nicht vollständig ausgeschlossen werden. Es kann keine juristische Verantwortung sowie Haftung in irgendeiner Form für fehlerhafte Angaben und daraus entstandene Folgen vom Verlag oder Autor übernommen werden.

Die Freiheit des Menschen liegt nicht darin, dass er tun kann, was er will, sondern, dass er nicht tun muss, was er nicht will.

Jean-Jacques Rousseau

Jede tausend Meilen lange Reise beginnt mit einem einfachen Schritt.

Lao Tzu

Inhaltsverzeichnis

Vorwort
Warum Du an der Börse niemals spekulieren solltest
Diversifizierung: Wie Du ohne Risiko spielst und dabei Gebühren und Steuern sparen kannst
Asset Allocation: Wie Du garantiert niemals mit leerem Geldbeutel nach Hause gehst
Die fiesen Tricks der Finanzdienstleister
Wie Du den Fallen des Finanzcasinos entkommst
Wertpapiere für den Eimer "Sicherheit"
Wertpapiere für den Eimer "Risiko"
Ein weiterer Eimer für Deine Träume
Wie Du Wertpapiere immer zum garantiert richtigen Zeitpunkt kaufst
Das Depot ausbalancieren und dabei Steuern sparen
Der erste Schritt zu Deinem eigenen, garantiert krisensicheren Wertpapierdepot
Jackpot inklusive: Ein deutlich besseres Wertpapierdepot
So kannst Du Wertpapiere und Anlagestrategien kosten- und risikofrei testen
Eine konkrete Bauanleitung für Dein krisenfestes Wertpapierdepot
Ein paar Gedanken über Deine neue finanzielle Freiheit
Danksagung

Vorwort

Es gibt einen todsicheren Weg, mit dem Du beim Roulette-Spiel garantiert gewinnst: Setze gleichzeitig auf alle Zahlen. So kannst Du nicht verlieren. Allerdings verstößt Du damit gegen die Spielregeln. Auch das Casino will gewinnen, deshalb verbietet es den Spielern auf alle Zahlen gleichzeitig zu setzen. Hältst Du dich nicht an die Regeln, begleiten Dich ein paar Herren in dezenten, dunklen Anzügen hinaus. Lass Dich bloß nicht wieder hier blicken!

Im größten Casino der Welt, dem Finanzmarkt, gelten diese Spielregeln nicht. Niemand wird Dich hinauswerfen, weil Du Aktien und Immobilienfonds gleichzeitig gekauft hast. Willst Du hier den Jackpot gewinnen, musst Du nur **das Risiko verringern und Deine Gewinnchancen erhöhen**. Das Finanzcasino ist nicht beleidigt, wenn Du regelmäßig Geld nach Hause trägst. Im Gegenteil. Du wirst als besonders kluger Anleger gefeiert!

Aber wie geht das? Behaupten nicht tausende von Finanzgurus täglich in den Medien einen „todsicheren Tipp" zu haben? Gibt es nicht bereits Millionen von Büchern zum Thema Geld anlegen? Was macht dieses Buch anders?

99 Prozent der Anleger und Finanzexperten verhalten sich wie die Spieler am Roulette-Tisch. Sie setzen auf eine einzelne Zahl beziehungsweise Aktie und hoffen auf den großen Jackpot. Das kann funktionieren, in den meisten Fällen geht es aber daneben. Die Aktie von Apple zeigt das sehr eindrucksvoll. Anleger, die das Wertpapier vor Juli 2012 kauften, machten damit fetten Reibach. In diesem Monat gingen die Aktien von Apple steil durch die Decke und stiegen um sagenhafte 44 % auf 614 US-Dollar pro Aktie. Bis September 2012 ging der Höhenflug weiter auf 705 US-Dollar. Dann hatte die Achterbahn den höchsten Punkt erreicht, der Zug donnerte steil nach unten! Im April des Jahres 2013 war die Apple-Aktie nur noch 385 US-Dollar wert, bis zum Juli 2013 erholte sie sich leicht und stand bei 414 US-Dol-

lar. Alle, die diese Aktie über das Jahr hielten, verloren 41 Prozent ihres Vermögens. Bei anderen Aktien läuft es genauso. Was steigt, kann wieder fallen. Um das zu sehen, musst Du dir nur den Kurs einer beliebigen Aktie ansehen. Es gibt Höhen, aber auch verdammt tiefe Täler. Und in jedem dieser Täler verloren Anleger viel Geld.

Das restliche Prozent der Anleger **spielt ohne Risiko und erhöht mit speziellen Strategien die Wahrscheinlichkeit des Jackpot-Gewinns auf nahezu 100 Prozent**. Wie das geht, erfährst Du in den folgenden Kapiteln dieses Buches.

Das soll jemand glauben? Wie steht es mit Beweisen, Herr Autor? Wir haben die ewigen Werbesprüche satt! Also schön, Butter bei die Fische: Wie setzt man im Finanzcasino gleichzeitig auf Rot und Schwarz? Indem Du Aktien und Staatsanleihen gleichzeitig kaufst. Fallen die Aktienkurse, flüchten die Anleger in sichere Werte, zu denen neben Gold auch die Staatsanleihen zählen. Durch die erhöhte Nachfrage steigt der Verkaufswert der Staatsanleihen und fängt den Verlust bei den Aktienkursen auf. Du hast auf der einen Seite Geld verloren, auf der anderen Seite Geld gewonnen. Irgendwann schlägt das Pendel in die andere Richtung zurück. Der Wirtschaftsmotor läuft besser, die Menschen wollen davon profitieren und kaufen verstärkt Aktien. Jetzt sinkt der Wert von Anleihen, während Aktienkurse fleißig nach oben klettern. Du profitierst erneut, weil Du auf beide Pferde gesetzt hast.

Jetzt kennst Du einen der zahlreichen Tricks aus diesem Buch, mit denen Du garantiert den Jackpot gewinnst. Weitere kommen in den folgenden Kapiteln hinzu. Beispielsweise **wie Du durch das Einsparen von Steuern und Gebühren noch mehr Gewinn machst**.

Du glaubst mir immer noch nicht? Wie wäre es **mit einer kostenlosen Möglichkeit die Aussagen in diesem Buch zu überprüfen**? Im vorletzten Kapitel erkläre ich Dir, wie Du ein Demo-Konto bei einer Bank oder einem Aktienbroker anlegst. Dort kannst Du fiktives Spielgeld einzahlen, damit die in diesem Buch empfohlenen Wertpapiere "kaufen" und nachprüfen, ob die Sache mit dem garantierten Jackpot tatsächlich funktioniert.

Abgesehen davon musst Du kein Bankangestellter oder Finanzexperte sein, um dieses Buch zu verstehen. Wie alle Bücher der „Just be free"-Serie verzichtet auch dieses hier auf Fachkauderwelsch und konzentriert sich auf nützliche Praxistipps. Selbst wenn Du noch nie mit Aktien oder anderen Wertpapieren gehandelt hast, kannst Du dieses Buch problemlos verstehen.

Solltest Du nur eine automatisch generierte Buchvorschau betrachten und immer noch nicht vom Nutzwert dieses Buches überzeugt sein, nimm wenigstens einen Ratschlag von mir mit auf Deinen weiteren Lebensweg:

Du kannst hohe Gewinne an der Börse erzielen ohne dabei ein Risiko einzugehen.

Dieser eine Tipp schützt Dich vor unseriösen Finanzprodukten, schont die Nerven und spart Dir außerdem einen großen Batzen Geld. Deutlich mehr als Du für dieses Buch ausgegeben hättest.

Bleibst Du mir als Leser treu, lade ich Dich zu einer spannenden Reise in die Finanzwelt ein und **garantiere Dir, dass Du den Jackpot in Form eines dauerhaften passiven Einkommens gewinnst**. Ohne Risiko, ohne versteckte Kosten.

Dein Weg in die Freiheit erwartet Dich. Alles, was Du tun musst, ist den ersten Schritt zu gehen. Komm mit und ändere Dein Leben.

Markus Hermannsdorfer
Strategischer Investor, Autor und Hotelfotograf. Durch passives Einkommen auf ewig vom Zwang des Geldverdienens durch Arbeit befreit

Warum Du an der Börse niemals spekulieren solltest

Stell Dir vor, Du stehst an einem Roulette-Tisch und setzt auf eine bestimmte Zahl. Nehmen wir einfach die 3. Der Croupier dreht den Teller, die Kugel rollt. Auf welches Zahlenfeld wird sie fallen? Die Wahrscheinlichkeit, dass es tatsächlich die 3 sein wird, ist 1:37. Ganz einfach, weil es auf dem Teller 37 Zahlenfelder gibt. Gewinnst Du, ist der Jubel groß. Spielcasinos zahlen den Gewinn im Verhältnis 1:35 aus. Das bedeutet, Du erhältst deinen Einsatz mal 35 zurück. Hast Du 10 Euro gesetzt, bekommst Du 350 Euro. Jackpot!

Typische Spieler hoffen immer auf den großen Wurf. Etwas anderes als der Hauptgewinn interessiert sie nicht. Deshalb setzen sie nur auf eine Zahl. Um das Verlustrisiko zu verringern, benutzen sie drei beliebte Spielstrategien. Normale Anleger an der Börse verhalten sich genau wie die Spieler am Roulette-Tisch. Sie versuchen mit den gleichen Strategien das Finanzcasino zu schlagen. Doch wie sehen diese Strategien aus?

Günstig kaufen, teuer verkaufen

Die erste Strategie zielt auf den Croupier. Der Spieler beobachtet ihn eine Weile, um herauszufinden ob eine bestimmte Zahl besonders oft fällt. Viele Croupiers drehen den Teller mit den Zahlenfeldern mit einer bestimmten Handbewegung oder dem immer gleichen Schwung, weshalb so etwas durchaus vorkommt. Wie reagiert das Casino darauf? Es wechselt den Croupier jede Stunde aus. Dadurch wird es erheblich schwerer Regelmäßigkeiten festzustellen, die eventuell die Gewinnchance erhöhen. Vergiss niemals, dass auch das Casino gewinnen will.

An der Börse bezeichnet man diese Strategie als technische Analyse. Mit Hilfe von Apps und Computersoftware untersucht der Spieler den Kurs einer Aktie über mehrere Jahre. Er versucht herauszufinden, ob das Wertpapier regelmäßig steigt oder fällt. Gibt es eine solche Regelmäßigkeit, kauft er die Aktie zu einem niedrigen Kurs und verkauft sie, nachdem er wieder gestiegen ist. Die Differenz zwischen niedrigem und hohen

Kurswert ist sein Gewinn. Das Finanzcasino unterstützt den Spieler beim Umsetzen dieser Strategie. Es stellt ihm die Werkzeuge für die Analyse häufig kostenlos zur Verfügung. Bekannte Börsenexperten präsentieren im Fernsehen "todsichere Tipps" und feuern die Spieler an, bestimmte Wertpapiere zu kaufen oder loszuwerden. Zahlreiche Bücher und Webseiten erklären Dir wie du Aktienkurse selbst analysieren kannst. Kleine Anmerkung: Dieses Buch nicht.

Doch warum versucht das Spielcasino das Studieren des Croupiers zu verhindern, während das Finanzcasino dazu regelrecht ermuntert? Jeder Kauf oder Verkauf einer Aktie kostet Gebühren. Diese Gebühren streicht das Finanzcasino automatisch als Gewinn ein. Außerdem weiß das Finanzcasino, dass die Strategie des Spielers nur selten funktioniert. Stieg eine Aktie in den letzten fünf Monaten regelmäßig alle zwei Monate, bedeutet das nicht automatisch, dass sie sich auch in Zukunft so verhalten wird.

Der Spieler mit Strategie eins macht einen typischen Anfängerfehler. Er geht davon aus, dass sich Dinge am Aktienmarkt niemals ändern. Er schließt von der Vergangenheit auf die Zukunft. Aber die Zukunft ist nicht vorhersehbar. In den Medien streut das Finanzcasino bewusst falsche Informationen. Steigt eine Aktie, brüllen Focus Money und Capital den Kaufbefehl in die Welt hinaus. "Höhenflug bei Apple! Warum Sie jetzt kaufen sollten." Und tausende Anleger werfen ihr Geld bedenkenlos zum Fenster hinaus.

Firmen analysieren

Die zweite Strategie zielt auf das Casino. Der Spieler versucht herauszufinden wie oft andere Spieler dort gewinnen. Gehen die Spieler fast immer mit leeren Taschen nach Hause, wechselt er das Casino, sofern das möglich ist. Besonders häufig sieht man diese Strategie in Las Vegas. Dort reiht sich ein Casino an das andere, ein Wechsel ist unkompliziert möglich. Gerüchte über bessere und schlechtere Spielcasinos kommen immer von den Spielern selbst. In Wirklichkeit sind die Gewinnchancen überall gleich. Gewinnt Spieler A mehrmals in einem bestimmten Casino, bedeutet das nicht, dass auch Spieler B dort den Jackpot ergattert.

Im Finanzcasino untersucht der Spieler nicht die Börsen, sondern Unternehmen, die dort mit ihren Aktien gelistet sind. Jede Aktiengesellschaft muss mindestens einmal im Jahr ihre Geschäftszahlen offenlegen. So kann jeder Anleger sehen, ob das Unternehmen im vergangenen Jahr Gewinn erwirtschaftet oder Verluste gemacht hat. Zahlt das Unternehmen eine Dividende aus, wird geprüft, ob diese in letzter Zeit gestiegen oder gleichgeblieben ist. Wurde sie gekürzt, schrillen beim Spieler die Alarmglocken. Er versucht jetzt die Aktie schnellstmöglich loszuwerden.

Das Auswerten von Firmenbilanzen wird als fundamentale Analyse bezeichnet. Zahlreiche Tools und Apps erleichtern diese Arbeit. Spieler, die mit dieser Methode arbeiten, bezeichnen sich selbst gerne als fortgeschrittene Anleger. Nicht jeder Mensch ist in der Lage Bilanzen zu lesen und daraus Gewinnchancen abzuleiten, deshalb gehen die "Fundi-Analysten" davon aus, dass sie einen Wissensvorteil besitzen. Das mag sein. Trotzdem sind und bleiben sie nur Zocker.

Wie reagiert das Finanzcasino darauf? Mit massiver Unterstützung! Bankberater und Börsengurus verkaufen die fundamentale Analyse als Heilsbringer. Sie wissen, dass dadurch der Kauf und Verkauf von Aktien angekurbelt wird. Bei jedem dieser Vorgänge wird Geld in Form von Gebühren in die Kassen des Finanzcasinos gespült. Das Casino will, dass Du weiterspielst, denn dadurch verdient es sein Geld.

Erraten welche Aktie steigen wird

Was bleibt nach dem Casino und dem Croupier noch übrig? Die Roulette-Kugel. Auf sie zielt die dritte Strategie. Der Spieler wartet mit dem Setzen, bis die Kugel langsamer wird. Ab einer bestimmten Geschwindigkeit lässt sich vorhersagen auf welchem Zahlenfeld sie wahrscheinlich landen wird. Das ist der Moment, in dem der Spieler alles auf diese Zahl setzt. Um zu verhindern, dass dieser Trick funktioniert, ruft der Croupier rechtzeitig "Rien ne va plus!" (Nichts geht mehr). Hat er das getan, dürfen die Spieler nicht mehr setzen. Natürlich gibt es immer ein paar Schlauberger, die es trotzdem versuchen. Deshalb stehen hinter dem Croupier einer oder mehrere Herren in dezenten, dunklen Anzügen. Sie beobachten genau was auf dem Spielfeld passiert. Setzt ein Spieler "aus Versehen" zu spät, erkennt das Casino seinen Gewinn nicht an. Beschwert sich der Spieler lautstark, werden die Herren in den dunklen Anzügen aktiv und geleiten ihn mehr oder weniger grob hinaus.

Im Finanzcasino läuft dieser Trick ein wenig anders ab. Vor allem deutlich schneller. So genannte Hochfrequenz-Trader nutzen die Tatsache, dass Aktien nur über Broker gehandelt werden können schamlos aus. Mit extrem hochgezüchteten Computersystemen überwachen sie den Datenverkehr zwischen Anlegern und den Aktienbrokern. Übermittelt der Anleger eine Order für den Kauf von Aktien eines bestimmten Unternehmens an seinen Broker, registrieren es die Hochfrequenz-Trader und kaufen blitzschnell alle zum Handel freigegebenen Aktien dieses Unternehmens auf. Anschließend versuchen sie die Aktien zu einem höheren Preis an den Broker zu verkaufen. Setzt der Hochfrequenz-Trader den Kaufpreis zu hoch an, bleibt er auf den Aktien sitzen. Das ist sein Risiko. Um dieses Risiko zu minimieren, erhöht er den Kaufpreis nur um einen oder zwei Cent. Unter diesen Umständen lohnt sich das Geschäft natürlich nur, wenn es um ein paar Millionen Aktien geht. Aus diesem Grund konzentrieren sich Hochfrequenz-Trader auf Staaten, Großbanken, Milliardäre und andere Anleger, die Aktien millionenfach kaufen oder verkaufen. Diese Sorte Anleger nennt die Finanzbranche institutionelle Anleger.

Über Spieler, die mit dieser Strategie arbeiten, ist die Finanzbranche geteilter Meinung. Institutionelle Anleger, denen die Hochfrequenz-Trader ständig günstige Aktien vor der Nase wegschnappen, sind davon wenig begeistert. Einige davon haben inzwischen allerdings den Teufel zum Beelzebub gemacht und beteiligen sich selbst am

Hochfrequenzhandel. Nur zu diesem Zweck wurden eigene Börsen wie die deutsche Xetra oder die amerikanische NASDAQ gegründet. Dort handeln Computer mit Computern. Menschen wurden ausgeklammert, weil sie zu träge und fehleranfällig sind. Welcome to the future!

99 Prozent aller Spieler am Roulette-Tisch handeln nach diesen Strategien. Gleiches gilt für 99 Prozent der Anleger an den Finanzmärkten. Letztere können häufig nichts dafür. Sie verlassen sich auf die Aussagen von Börsengurus und Finanzberatern - und wundern sich ein halbes Jahr später, weil sie sich wieder einmal die Finger verbrannt haben. Klang der Finanzplan des Beraters nicht schlüssig und logisch? Und was ist mit den Börsenexperten im Fernsehen? Diese Leute treiben sich täglich an der Frankfurter Börse herum. Das muss ihnen doch einen tiefen Einblick in das Aktiengeschehen geben, oder etwa nicht? Merke Dir an dieser Stelle eine einzige, wichtige Sache:

Bankberater und Börsengurus arbeiten nicht für Dich. Sie arbeiten für das Finanzcasino!

Hast Du diesen einen Satz verstanden, sparst Du dir eine gewaltige Menge Zeit und Geld. Du wirst nie wieder auf die Verlockungen der "Finanzexperten" hereinfallen. Du wirst nie wieder auf das falsche Pferd setzen. Und Du wirst nie wieder Wertpapiere kaufen, die Dir das Geld mit versteckten Gebühren aus der Tasche ziehen.

Handelst Du oft und viel mit Aktien, solltest Du vielleicht jetzt die letzte Rechnung von Deinem Broker herauskramen und einen Blick darauf werfen. Wie viele Gebühren hat er kassiert? 10 Euro? 100? Oder gar 1.000? Egal wieviel es war, diesen Betrag wirst Du nie wieder ausgeben, nachdem Du dieses Buch zu Ende gelesen hast. Ich garantiere Dir nicht nur den Jackpot. **In Form gesparter Gebühren erhältst Du zusätzlich einen weiteren Batzen Geld!** Reizt das nicht zum Weiterblättern? Falls ja, mach es jetzt.

Diversifizierung: Wie Du ohne Risiko spielst und dabei Gebühren und Steuern sparen kannst

Vorsichtige Spieler versuchen am Roulette-Tisch das Risiko zu streuen, indem sie nicht nur auf eine, sondern auf mehrere Zahlen setzen. Legt der Spieler den Spielchip auf die Linie zwischen zwei Zahlenfeldern, setzt er auf zwei Zahlen gleichzeitig. Das Verlustrisiko wird gestreut. Auf die gleiche Weise kann er bis zu vier Zahlen abdecken. Noch weniger risikoreich ist das Wetten auf ganze Zahlenbereiche oder die Farben Rot und Schwarz. Kommt Dir das Casino mit diesen Spielregeln entgegen? Gibt es Dir damit eine faire Chance? Leider nein. Vergiss nicht, auch das Casino will den Jackpot gewinnen. Setzt Du nur auf eine Zahl, erhältst Du das 35-fache Deines Einsatzes als Gewinn. Setzt Du auf zwei Zahlen, bekommst Du nur noch das 17-fache. Anders ausgedrückt: Die Hälfte. Bei vier Zahlen kriegst du das Achtfache. Setzt Du auf Zahlenbereiche oder eine Farbe, sinkt die Auszahlung auf das Zweifache des Einsatzes. Du hast bei dieser Variante immer noch ein Verlustrisiko von 50:50, wirst aber mit einem Almosen abgespeist.

Wie sieht dieser Vorgang im Finanzcasino aus? Niemand bestraft Dich, wenn Du zwei verschiedene Wertpapiere kaufst. Du büßt auch keinen Gewinn ein, wenn Du auf Aktien und Gold gleichzeitig setzt. Hier hast Du tatsächlich die Möglichkeit auf Rot und Schwarz gleichzeitig zu setzen, ohne dass der Gewinn kleiner wird. Du profitierst verlustfrei von einem geringeren Risiko. Ein gewaltiger Vorteil gegenüber dem Roulette-Spiel, findest Du nicht auch? In Finanzkreisen wird dieser Trick als Diversifizierung bezeichnet.

Beim Roulette kannst Du nicht vorhersagen welche Zahl als nächstes gewinnen wird. Für Aktien gilt das Gleiche, auch wenn die selbsternannten Finanzexperten etwas Anderes behaupten. Um die richtige Zahl oder die richtige Aktie definitiv mit ins Boot zu holen, gibt es nur eine Möglichkeit: Du musst auf alle Zahlen setzen beziehungsweise den gesamten Aktienmarkt abdecken.

Setzt Du auf alles, ist der Jackpot automatisch mit dabei. Weil dieser Trick garantiert zum Gewinn des Jackpots führt, ist er im Spielcasino verboten. Die Spielregeln schließen das Setzen auf alle Zahlen aus. Das Finanzcasino schert sich mal wieder einen Dreck darum. Es gönnt Dir den Jackpot, hat aber ausgebuffte Methoden entwickelt, um Dir den Gewinn wieder aus der Tasche zu ziehen.

Wie sich das Finanzcasino den Jackpot zurückholt (wenn Du nicht aufpasst)

Die für das Casino arbeitenden Finanzexperten und Bankberater empfehlen ihren Kunden gerne Aktienfonds. Ein Fond ist nichts anderes als ein Topf, in den man verschiedene Wertpapiere legen kann. Das Aussuchen und Hineinlegen übernimmt beim Aktienfond ein darauf spezialisierter Manager. Weil dieser Manager jeden Tag mit Börsengeschäften zu tun hat, fällt es ihm leicht besonders gut laufende Aktien zu finden. Das jedenfalls glauben die Anleger und wahrscheinlich auch er selbst. Der Fondsmanager studiert täglich die Börsenkurse und benutzt Software für die technische und fundamentale Analyse der Aktienkurse. Auf diese Weise entdeckt er unterbewertete Aktien, deren Kurse höchstwahrscheinlich bald steigen werden.

Hast Du etwas gemerkt? Ich hoffe es für Dich. Wenn Du mein Buch bis hierher verstanden hast, sollten in Deinem Gehirn jetzt sämtliche Warnleuchten blinken. Das sind doch genau die Spielstrategien aus dem letzten Kapitel! Du hast völlig Recht. Der Fondsmanager setzt die gleichen Mittel ein wie ein Spieler am Roulette-Tisch. Gibst Du diesem Mann Dein Geld, erteilst Du ihm die Erlaubnis damit im Finanzcasino zu zocken.

Es kommt noch schlimmer: Fondsmanager arbeiten nicht für umsonst. Du musst den Typen dafür bezahlen, dass er mit Deinem Geld zockt! Die Gebühren für den Fondsmanager fressen einen Großteil des Gewinns auf, den Du mit von ihm herausgepickten Wertpapieren machst. Zusätzlich bezahlst Du häufig einen Ausgabeaufschlag (Agio). Dieser beträgt durchschnittlich 5 % der angelegten Summe. Willst Du beispielsweise

5.000 Euro anlegen, bezahlst Du sofort 250 Euro. Das ist wohlgemerkt nur der Eintrittspreis. Der Manager hat noch keine einzige Aktie in Deinen Topf gelegt. Die Gebühren für den Manager betragen durchschnittlich 1,5 % der Anlagesumme. Natürlich werden die Gebühren nicht mit Hilfe der übrig gebliebenen 4.750 Euro berechnet, sondern mit der ursprünglichen Anlagesumme (5000 Euro). Das macht 75 Euro. Dieser Preis gilt aber nur im ersten Jahr, denn der Aktienfonds verzinst sich im Lauf der Zeit. Nehmen wir an, Dein Manager hat ein wirklich gutes Händchen und schafft es innerhalb von zehn Jahren die angelegte Geldsumme zu verdoppeln. Nach Ende der Laufzeit erhältst Du 10.000 Euro. Aber Halt! Vorher musst Du noch 150 Euro an den Manager abdrücken. Seine Gebühren haben sich zusammen mit dem Gewinn verdoppelt.

Und noch jemand knabbert fleißig an Deinem Kuchen: Sobald eine Aktie in Deinem Topf Gewinn abwirft oder ein Unternehmen Dividenden auszahlt, kassiert das Finanzamt Kapitalertragssteuer + Solidaritätszuschlag + Kirchensteuer (falls Du dort nicht ausgetreten bist). Das macht im günstigsten Fall 25 Prozent, im schlechtesten Fall 28 % Deines Gewinns. Damit bist Du weitere 2.500 Euro los.

Fassen wir zusammen: Du hast in diesem Beispiel 5.000 Euro gewonnen. Das ist Dein Jackpot. Ziehen wir davon alle genannten Steuern und Gebühren ab, bleiben Dir am Ende nur lumpige 2.025 Euro übrig.

Wichtiger Hinweis: *Erfahrene Pfennigfuchser und Finanzstrategen haben sicher bemerkt, dass meine Beispielrechnung stark vereinfacht wurde. Ich habe den Zinseszins-Effekt nicht berücksichtigt. Den möchte ich mir für später aufheben. Mit der vereinfachten Rechnung kapieren auch weniger erfahrene Anleger worum es geht. Abgesehen davon wirkt das Beispiel durch die Vereinfachung weniger schockierend. Neben dem Gewinn schaukeln sich nämlich auch die Gebühren für den Manager durch den Zinseszins-Effekt hoch. Es kann Dir passieren, dass Du am Ende ein paar Tausend Euro Gebühren bezahlst.*

So erhältst Du fast den gesamten Jackpot

Um die Rendite, sprich: Deinen Jackpot, zu erhöhen, musst Du etwas finden, das keinen Ausgabeaufschlag kostet und nicht von einem gebührenpflichtigen Manager betreut wird. Abgesehen davon sollte dieses Ding möglichst wenig Arbeit machen. Je mehr Aktien Du hin und herschieben musst, desto öfter schlägt das Finanzamt zu! Die Steuer kannst Du nicht komplett umgehen. Das macht nur Uli Höneß und Du weißt wo der Mann am Ende gelandet ist. Idealerweise zahlst Du die Steuer nur einmal im Jahr, oder erst nach Jahren, wenn ein Wertpapier abläuft. Das ist meistens besser als den Betrag ein- oder mehrmals monatlich abzudrücken.

Das Werkzeug, nach dem wir suchen, nennt sich thesaurierender Indexfond. Dieses Ding bildet einen beliebigen Aktienindex wie den DAX nach. Dazu werden die Aktien aller im DAX gelisteten Unternehmen in den Fond gelegt. Damit auch die Reihenfolge der Unternehmen im DAX abgebildet wird, kommen von der erfolgreichsten Firma (Platz 1) die meisten Aktien rein, von der Firma auf dem letzten Platz kommen nur wenige rein. Dieses Nachbauen ist so einfach, dass man dafür keinen Manager braucht. Vor zwanzig Jahren haben Banklehrlinge den Job erledigt, inzwischen werden Indexfonds nur noch von Computern verwaltet. Deshalb liegen die Gebühren nur bei 0,5 bis 0,9 Prozent. Damit werden die Kosten für den Betrieb des Computers bezahlt.

Wichtig für den langfristigen Vermögensaufbau ist der Zusatz "thesaurierend". Machen einige der im Fond liegenden Aktien Gewinn, wird dieses Geld sofort wieder investiert. Das beschleunigt den Aufbau Deines Vermögens erheblich. Weil Du den Gewinn nicht sofort einstreichst, verschont Dich außerdem das Finanzamt. Erst wenn Du den Jackpot aus dem Indexfond holst, wird die Steuer fällig.

Die Rendite der Indexfonds ist zu Beginn eher durchschnittlich. Erst wenn sich durch das Thesaurieren ein wenig Kapital angesammelt hat, spielt das Ding seine Stärke aus, der Gewinn schnellt in ungeahnte Höhen. Beim Kaufen dieser

Fonds musst Du allerdings auf der Hut sein. Das Finanzcasino versucht Dich mit falschen Produkten in die Falle zu locken. Der zurzeit beliebteste Trick ist, Dir einen ETF (Exchange Trading Fund) unterzujubeln. Diese Dinger sehen auf den ersten Blick wie ein normaler Indexfond aus. Sie sind es aber nicht. Im Namen des ETF steckt nicht umsonst das Wort "Trading" drin. So ein Wertpapier wird an den Börsen wie Aktien gehandelt und birgt das gleiche Risiko wie eine Aktie. Kaufst Du einen ETF, setzt Du auf einen einzigen Wert! Damit Du schön in diese Falle tappst, bezeichnen die Anbieter von Wertpapieren fast alle thesaurierenden Indexfonds einfach als ETF. Im Strafgesetzbuch nennt man so etwas "Vorspiegelung falscher Tatsachen gem. § 263 StGB", der Volksmund sagt Betrug. Glaube aber nicht, dass jemand aus dem Finanzcasino deswegen im Gefängnis landen wird. Die haben genug Geld und bezahlte Rechtsverdreher, um das zu verhindern.

Der Falle entkommen kannst Du mit Hilfe der Webseite fondsweb.de . Dort klickst Du auf "Erweiterte Fondssuche". In einer Suchmaske kannst Du angeben welchen Aktienindex Dein Fond abbilden soll, ob er thesaurierend sein soll und ob es sich dabei um einen ETF handeln soll (hier unbedingt „kein" angeben!). Klicke dann auf das Pop-Up "Es wurden XX Fonds gefunden".

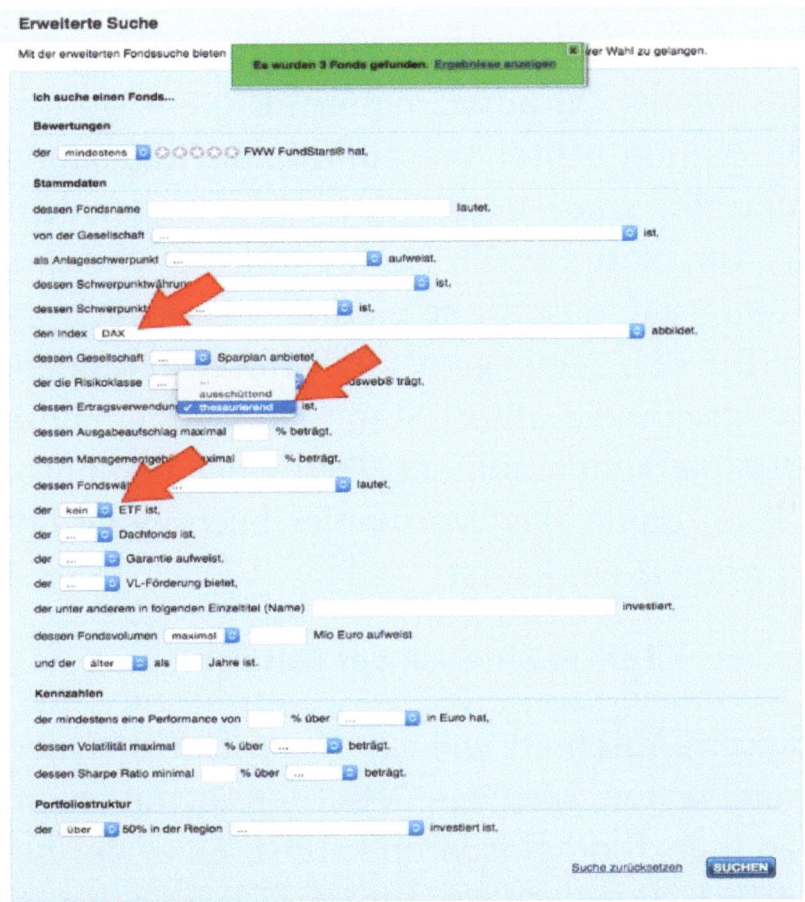

In der Liste mit den Suchtreffern klickst Du nun auf den ersten Fond. Scrolle ein wenig nach unten und wirf einen Blick auf den Abschnitt "Gebühren/Konditionen". Werden dort ein Ausgabeaufschlag (Agio), Managergebühren, Depotgebühren und andere laufende Kosten aufgeführt, hast Du ein Schummel-Produkt gefunden. Diesen Fonds kannst Du ausklammern. Die einzige Gebühr, die ein echter thesaurierender Indexfond verursacht, steht unter "Laufende Kosten laut KIID". Um diese Gebühr kommst Du nicht herum. Achte darauf, dass sie so niedrig wie möglich ist. Hast Du den günstigsten Indexfond gefunden, benötigst Du die unter "Stammdaten" genannte Wertpapierkennnummer (WKN). Dein Aktienbroker kann damit das Wertpapier blitzschnell finden, wenn Du es kaufst.

Ein gutes und ein erschreckendes Beispiel

In diesem Abschnitt will ich Dir an einem realen Beispiel zeigen, wie viele Gebühren Du mit einem guten Indexfond einsparen kannst. Einer der bei fondsweb.de gelisteten, thesaurierenden Indexfonds wird von der Firma Hansainvest angeboten und trägt die WKN A0RHHA. Laut Gebührentabelle verlangt der Anbieter 4 % Ausgabeaufschlag + 1,5 % Managergebühr + 0,05 % Depotgebühr. Hinzu kommen laufende Kosten in Höhe von 1,61 Prozent. Jagen wir dieses Ding einfach mal durch eine einfache Rechenformel, die auch den Zinseszins-Effekt berücksichtigt.

Als Anlagebetrag nehmen wir wieder 5.000 Euro, laut fondsweb.de wirft das Papier eine durchschnittliche Rendite von 2,46 % ab. Wir lassen das Geld zahn Jahre lang liegen. Zu Beginn verlierst Du 200 Euro durch den Ausgabeaufschlag, Dir bleiben 4.800 zum Anlegen.

Jetzt darfst Du nicht erschrecken, die Formel für den Zinseszins sieht schlimmer aus als sie ist:

$$K(n) = K(0) * q \text{ mit } q = (1 + (p : 100))$$

K(n) ist das nach n Jahren erreichte Guthaben, K(0) das eingesetzte Kapital. p ist der Zinssatz in Prozent und q ein Zinsfaktor, der mit dem hinteren Teil der Formel berechnet wird.

Setzen wir nun die Zahlen ein:

$$K(n) = 4.800 * 1,024610 \text{ mit } q = (1 + (2,46 : 100)) = 6.120,47 \text{ Euro (Betrag aufgerundet)}$$

Der Gewinn ohne Gebühren beläuft sich somit auf 1.320,47 Euro. Nehmen wir der Einfachheit halber an, dass dieses Wertpapier während der Laufzeit vor der Kapitalertragssteuer geschützt ist. Das Finanzamt kassiert erst zum Ende der Laufzeit 25 %. Das macht dann 330,12 Euro. Auch bei der Managergebühr, die jedes Jahr auf den erreichten Sparbetrag fällig wird, nehme ich die einfache Variante. Der Mann kassiert einmal am Anfang und einmal am Ende. Das macht insgesamt 166,81 Euro. Außerdem kommt noch die Depotgebühr hinzu. Ich mache es hier wie beim Manager und kassiere am Anfang und am Ende. Das wären 5,46 Euro. Von Deinem Gewinn bleiben Dir nach Abzug aller Gebühren 818,08 Euro.

Jetzt kommt das gute Beispiel: Joel Drapper, ein Freund von mir, dessen Vater als Investmentbanker bei Goldman Sachs arbeitet, wies mich auf die

Firma Vanguard hin, die fast gebührenfreie Indexfonds anbietet. Gegründet wurde Vanguard 1974 von John Bogle, einem Investor, der sich über hohe Managementgebühren bei Aktienfonds ärgerte. Laut fondsweb.de kostet der Indexfond S&P 500 UCITS von Vanguard mit der WKN A1JX53 0,07 % jährlich. Andere Gebühren gibt es nicht. Die durchschnittliche Rendite beträgt 26,39 %. Jagen wir das Ding durch die gleiche Rechenformel, kommt folgendes heraus:

K(n) = 5.000 * 1,263910 mit q = (1 + (26,39 :100)) = 52.011,23 Euro (Betrag abgerundet)

Davon ziehen wir die Steuer in Höhe von 13.002,81 Euro ab. Hinzu kommen die Gebühren, die ich vereinfacht einmal am Anfang und einmal am Ende kassiere. Das sind 39,91 Euro. Übrig bleiben fette 38.986,51 Euro. Jetzt weißt Du wieviel Rendite die Gebühren auffressen können.

Wie sieht es mit dem Risiko aus? Das wird mit einem Prozentwert unter "Volatilität" angegeben. Je niedriger der Wert ist, desto weniger Risiko gehst Du ein. Der Indexfond von Vanguard hat eine durchschnittliche Volatilität von 10,97 %, das Produkt von Hansainvest bringt es auf 16,99 Prozent. Du kriegst bei diesem Fond nicht nur weniger Geld, Du gehst auch ein höheres Risiko ein. Ich an Deiner Stelle würde das Wertpapier von Vanguard wählen.

Kurze Zusammenfassung

Was kannst Du aus den bisherigen Kapiteln an nützlichem Wissen mitnehmen?

- Wette niemals auf eine einzige Aktie. Mit Hilfe eines thesaurierenden Indexfonds verteilst Du das Risiko auf mehrere Wertpapiere

- Das Verteilen des Risikos auf mehrere Wertpapiere wird Diversifizierung genannt

- Beim Thesaurieren wird der Gewinn sofort wieder investiert. Das spart Steuern und führt zu einem schnelleren Vermögensaufbau

- Achte beim Auswählen von Wertpapieren auf die anfallenden Gebühren

- Über die Wertpapierkennnummer (WKN) findest Du bestimmte Wertpapiere schneller

- Der Zinseszins-Effekt wirkt sich nicht nur auf den Gewinn aus. Auch Gebühren steigen dadurch

- Die Firma Vanguard bietet fast gebührenfreie, amerikanische Indexfonds an

Im nächsten Kapitel reduzieren wir das Risiko weiter und sichern Deinen Gewinn.

Asset Allocation: Wie Du garantiert niemals mit leerem Geldbeutel nach Hause gehst

Kluge Roulette-Spieler lassen niemals das ganze Geld auf dem Tisch liegen. Sie stecken sich einen Teil des Gewinns in die Hosentasche und fassen ihn nicht mehr an, bis sie das Casino verlassen. Dafür brauchen sie eine gehörige Menge Selbstbeherrschung. Das Casino will alles kassieren und alles gewinnen. Der Croupier wird immer versuchen den Spieler immer zum Weiterspielen zu überreden. In diesem Fall stellst Du dir am besten vor wie toll es wäre den Gewinn tatsächlich mit nach Hause zu nehmen, auch wenn er etwas kleiner als der Hauptgewinn ist. Starre nicht auf die Million. Konzentriere Dich lieber auf viele kleine Beträge, die zusammengezählt auch irgendwann eine Million ergeben.

Der gleiche Trick funktioniert auch im Finanzcasino. Dort wird er Asset Allocation genannt. Das lässt sich am ehesten mit Vermögenszuweisung übersetzen. Im Finanzcasino bringt Dir dieser Trick einen zusätzlichen Vorteil: Spielchips in der Hosentasche können sich nicht von selbst vermehren. Für Aktienwerte gilt das nicht. Durch Verzinsung wächst das investierte Geld automatisch, bis irgendwann die Hosentasche überquillt.

Um diesen Trick besser zu verstehen, stellst Du dir einfach zwei Eimer vor. Einen beschriftest Du mit "Sicherheit" - oder meinetwegen "Hosentasche". Auf den zweiten Kübel schreibst Du "Risiko" und machst am besten noch ein fettes Warnschild drauf.

So funktioniert Asset Allocation

Das Geld im Kübel "Sicherheit" wächst nicht sonderlich schnell, kann aber dafür nicht verloren gehen. Um eine Verzinsung zu gewährleisten, legst Du in diesen Kübel eher langweilige Produkte wie Staatsanleihen. Die bringen heute kaum noch Zinsen, gelten dafür aber als sichere Anlagen. Auf unser Casinobild bezogen, entspricht der Kübel "Sicherheit" Deiner Hosentasche.

Der Kübel "Risiko" trägt nicht umsonst ein fettes Warnschild. Er entspricht dem Spieltisch, das Geld darin ist zum Spielen gedacht. **Alles, was Du in diesen Kübel legst, kannst Du verlieren!** Bedenke, dass man im Casino nicht immer gewinnt. Liegt in diesem Kübel Geld oder ein Finanzprodukt, das Du unter gar keinen Umständen riskieren möchtest, nimm es raus. Jetzt! Sofort!

Über die Frage wieviel Du in jeden Kübel legst - sprich: wieviel Du tatsächlich riskieren willst, um höhere Gewinne einzufahren - streiten sich die Finanzexperten. Ich denke, es hängt stark von Deinem Alter, dem vorhandenen Vermögen und den Lebensumständen ab. Bist Du eher ein ängstlicher Typ, wirst Du nicht viel in den Risikokübel legen. Bist Du schon über 50 und möchtest noch schnell bis zur Rente ein Vermögen aufbauen, wird Dir nichts anderes übrig bleiben als mehr Geld zu riskieren. Ich empfehle für die meisten Fälle ein Verhältnis von 60:40. Du legst also 40 % Deines Vermögens in den Kübel „Sicherheit", der Rest kommt als Spielgeld in den Eimer „Risiko".

Aber welche Finanzprodukte sind heutzutage noch sicher? Ist Geld anlegen heutzutage nicht generell ein Risiko und die ganze Finanzbranche eine einzige Mafia? Letzteres stimmt leider in den meisten Fällen.

Wenn Du aber die fiesen Tricks des Finanzcasinos kennst, kannst Du einen Großteil der angebotenen Wertpapiere aussortieren. Es gibt nur eine Handvoll, die tatsächlich hohen Nutzwert für Anleger, inklusive hoher Rendite bringen. Um die wenigen guten Wertpapiere aufzuspüren, musst Du die Tricks der Finanzbranche kennen. Das nächste Kapitel könnte Dich schockieren, es hilft

Dir aber die Spreu vom Weizen zu trennen. Blättere jetzt um und begleite mich ins Casino Grande Mafiosi.

Die fiesen Tricks der Finanzdienstleister

Jedes Spielcasino besitzt ein Hinterzimmer, in dem fies grinsende Unterweltbosse das Verhalten der Spieler studieren und neue Wege entwickeln, um ihnen das Geld aus der Tasche zu ziehen. **Die Bosse haben Las Vegas nicht gebaut, damit Du als Millionär nach Haus gehst. Sie haben es gebaut, um selbst reich zu werden!** Die Bosse fahren dicke Ferraris und freuen sich, dass ihr System perfekt funktioniert. Wie zum Hohn stellen sie einen weiteren Ferrari im Showroom des Casinos aus. Alle Spieler haben die Möglichkeit den sündhaft teuren Wagen zu gewinnen. Na? Juckt es Dich in den Fingern? Willst Du nicht auch in einem feuerroten Testarossa durch die Gegend kurven und Deine Freunde beeindrucken? Alles, was Du tun musst, ist weiterspielen...

Im Finanzcasino läuft es genau gleich. Mit bunten Hochglanzprospekten versuchen Dich die Bosse zum Kauf von Wertpapieren zu bewegen. Vergolde Dir den Lebensabend! Genieße finanzielles Glück mit Deiner Familie! Gehst Du darauf ein, ziehen sie Dir mit versteckten Gebühren Dein schwer verdientes Geld aus der Tasche.

Ein beliebter und einfacher Trick ist, dem Kunden weiszumachen, dass Geld anlegen eine hochkomplizierte Wissenschaft ist. Finanzberater arbeiten gerne mit englischen Fachbegriffen, die irgendwie nach Technik klingen. Nehmen wir als Beispiel den Handel mit Binäroptionen. Klingt das nicht irgendwie nach Computer und Maschinensprache? Wer mag sich mit so kompliziertem Zeug herumschlagen? Entfernen wir sämtlichen Fachkauderwelsch, bleibt eine simple 50:50-Wette übrig. Du kannst darauf wetten, ob eine bestimmte Aktie innerhalb eines festgelegten Zeitraums fallen oder steigen wird. Mehr ist an den mysteriösen Binäroptionen nicht dran. Trotzdem gibt es zu dieser einfachen Sache Fachbücher mit mehreren tausend Seiten, die vor Fachbegriffen strotzen. Glaubt der Anleger, dass die Verwaltung des eigenen Geldes kompliziert ist, geht er zum Bankberater. Das ist genau der Platz, wo Dich das Finanzcasino haben will. Bankberater arbeiten nicht für Dich. Sie arbeiten für das Finanzcasino! Genau deshalb empfehlen sie Dir Produkte, die dem Casino Geld in die Kasse spülen. Dieses Geld zahlst Du in Form von Gebühren, die harmlos klingen, sich aber bis zum Ende der Laufzeit gewaltig summieren. Im Kapitel über die Diversifikation hast Du bereits ein solches Produkt, inklusive Gebührenstruktur kennengelernt.

Doch wie kann das Finanzcasino dem Anleger die fetten Gebühren unterjubeln? Das funktioniert über die ellenlangen Allgemeinen Geschäftsbedingungen (AGBs), die Du mit dem Kauf eines Finanzproduktes ausgehändigt bekommst oder gefälligst auf der Webseite suchen und bestätigen sollst. Die Finanzdienstleister wissen genau, dass sich niemand dieses Zeug wirklich durchliest. Also verstecken sie fleißig Gebühren darin. Für den Fall, dass sich tatsächlich jemand die Mühe macht die AGBs zu lesen, geben sie die Höhe der einzelnen Gebühren in kleinen Prozentzahlen an. Ein Prozent hier, ein Prozent da, das ist doch nicht viel, oder? Die Bosse wissen, dass auch Kleinvieh Mist macht. Anstatt 20 Prozent Gebühr in einem Rutsch zu kassieren, teilen sie diesen Betrag in kleine Posten auf. Willst Du wissen wie teuer ein Finanzprodukt tatsächlich ist, musst Du alle Gebühren zusammenrechnen. Anders kriegst Du keinen Durchblick.

Es geht noch fieser: AGBs können Klauseln enthalten, dass ein bestimmtes Ereignis wie die Zahlung eines "Garantiezins" nur unter ganz bestimmten Umständen eintritt. Entwickelt sich die Wirtschaft nicht wie vorausgesehen, wird die Zinszahlung verweigert. Dieser Trick ist vor allem bei Lebensversicherungen beliebt.

Das mit Abstand beliebteste Finanzprodukt der Bankberater ist der aktiv gemanagte Aktienfond. Für dieses Wertpapier bezahlst Du einen Ausgabeaufschlag (Agio), Managementgebühren und viele weitere Dinge. Wenn Du Glück hast, bleibt nach Abzug aller Gebühren die Hälfte der versprochenen Rendite übrig. Es gibt aber auch Aktienfonds mit denen Du keinerlei Gewinn machst. Den steckt sich das Casino in die Tasche. Als wäre das nicht genug, kommt auch noch das Finanzamt und verlangt 25 Prozent Kapitalertragssteuer von Dir - für einen Geldbetrag, den Du nie gesehen hast, weil ihn das Finanzcasino über Gebühren eingesackt hat. Jetzt hast Du nicht nur Deine komplette Rendite abgedrückt, Du zahlst dem Finanzcasino auch noch seine Steuern!

Kommen wir zum nächsten Trick: Über das Internet kann das Finanzcasino die Bedürfnisse von Kunden analysieren und gewinnbringend nutzen. Ein beliebtes Finanzprodukt, über das derzeit in allen Medien berichtet wird, ist der Exchange Trading Fund (ETF). Das ist - vereinfacht gesagt - ein Topf, in dem verschiedene Wertpapiere liegen. ETFs haben immer ein bestimmtes Thema, etwa "Die umsatzstärksten Firmen im DAX". Weil sie an der Börse wie Aktien gehandelt werden, musst Du sie aber wie eine einzelne Aktie betrachten. Ihr Wert kann steigen oder fallen.

Weil die ETFs bei Anlegern sehr beliebt sind, nennt das Finanzcasino seit einiger Zeit alle möglichen Produkte ETF. Es kann passieren, dass Dir ein Rentenfond, ein Aktienfond oder etwas anderes als ETF untergejubelt wird. Der einzige Weg diesem Betrug zu entkommen, ist ein Blick auf die Gebühren. Echte ETFs kosten maximal 1 Prozent Gebühr, die vom Gewinn abgezogen wird. Es gibt keinen Ausgabeaufschlag, keine Managergebühren oder sonstigen Mist. Verlangt der Anbieter derartige Gebühren bei einem Wertpapier, das als ETF gelistet ist, handelt es sich nicht um einen ETF, sondern um glatten Betrug.

Kaufst Du Aktien oder andere Wertpapiere, leihst Du einer Bank, einem Unternehmen oder einem Staat für eine bestimmte Zeit Dein Geld. Du trittst den Bossen gegenüber als Kreditgeber auf. Dumm ist nur, dass Du den Zinssatz für diesen Kredit nicht selbst festlegen kannst. Das machen die Bosse. Stell Dir vor, Du besitzt ein Geschäft und kannst die Preise für Deine Waren nicht selbst festlegen. Die Kunden sagen Dir wieviel Du bekommst. Klingt völlig irre nicht wahr? Kein Wesen mit nur einem einzigen Gramm Gehirn würde unter solchen Bedingungen einen Laden eröffnen. Aber genau so läuft es im Finanzcasino.

Die einfache Frage, wieviel Geld Du am Ende der Laufzeit bekommst, beantwortet das Finanzcasino nicht gern. Dadurch würde nämlich die ganze Gebührentrickserei auffliegen. Aus diesem Grund wird in der Werbung nur eine durchschnittliche Rendite angegeben, die als Information völlig wertlos für den Anleger ist. Was Du in Erfahrung bringen musst, ist die **tatsächliche Rendite**. Kann der Anbieter eines Wertpapieres diese wichtige Zahl nicht nennen oder murmelt er nur irgendwelche halbseidenen Werbesprüche, lass das Geschäft platzen. Verschwende keine Sekunde Zeit damit.

Mit risikobereiten Spielern verdienen Spielcasinos am meisten Geld. Für das Finanzcasino gilt das Gleiche. Um Dich zum Risiko zu verführen, haben sich die Finanzdienstleister eine raffinierte Lüge ausgedacht, die durch ständiges Wiederholen in sämtlichen Medien für viele Menschen inzwischen zur geglaubten Wahrheit geworden ist. George Orwell lässt grüßen! Die Lüge lautet:

Wenn Du mehr Geld verdienen willst, musst du mehr riskieren.

Niemand, und ich betone: ABSOLUT NIEMAND kann die Zukunft vorhersagen. Schon gar nicht über Zeiträume von 15 Jahren oder mehr. Hättest Du - oder irgendein Finanzexperte - vor fünf Jahren damit gerechnet, dass ein riesiger Strom von Flüchtlingen nach Deutschland kommt? Oder dass die scheinbar unzerstörbare chinesische Wirtschaft Anfang des Jahres 2016 aus dem letzten Loch pfeift? Finanzexperten können sich nur auf Werte in der Vergangenheit konzentrieren. Änderte sich in der Vergangenheit wenig, gehen diese Leute davon aus, dass es bis in alle Ewigkeit so weitergehen wird. Genau das passiert aber so gut wie nie. Deshalb versucht das Finanzcasino sämtliche Risiken auf den Anleger abzuwälzen. Seine Bankberater - die nichts anderes als Angestellte des Casinos sind - versuchen Dir ständig einzureden, dass es notwendig ist ein Risiko einzugehen. "Sie wollen mehr Rendite? Dann müssen Sie eben mehr riskieren!" Ignoriere diesen

Blödsinn. Das wird Dir eine gewaltige Menge Zeit, Geld und Nerven sparen.

Glaubst Du immer noch an diese Lüge, solltest Du einen Blick auf die berühmtesten Finanzstrategen der Welt werfen. Ich greife hier exemplarisch Warren Buffett heraus. Dieser Mann investiert seit über 60 Jahren an der Börse und er sagt selbst, dass er dabei KEIN EINZIGES MAL auf Risiko gespielt hat.

Du hast richtig gelesen. Buffett würde sich eher beide Hände abhacken, als auch nur ein einziges Mal Geld an der Börse zu riskieren. Er rät auch allen Anlegern dringendst davon ab. Am schönsten kommt diese Warnung in zwei Zitaten heraus, die er in diversen Büchern veröffentlicht hat:

"Regel Nummer 1: Verliere kein Geld.
Regel Nummer 2: Siehe Regel Nummer 1"

Geld verlieren kannst Du nur, wenn Du es riskierst, indem Du beispielsweise auf eine einzige Zahl oder Aktie setzt. Du kannst es auch verlieren, wenn Du nicht auf versteckte Gebühren und die Steuern achtest. Und Du kannst es verlieren, wenn Du Finanzprodukte kaufst, von denen Du nicht weißt wie sie funktionieren. Beachte deshalb auch den zweiten Tipp von Herrn Buffett:

"Investiere niemals in ein Finanzprodukt, das Du nicht hundertprozentig verstehst"

Diese zwei Regeln schützen nicht nur ihn, sondern auch Dich vor sämtlichen Tricksereien des Finanzcasinos. Im nächsten Kapitel gebe ich Dir noch mehr Schutz. Lass uns zuvor aber noch einmal das bisher Gelernte zusammenfassen:

- Bank- und Finanzberater arbeiten nicht für Dich. Sie sind Angestellte des Finanzcasinos

- Kaufst Du ein Wertpapier, leihst Du Banken, Unternehmen oder einem Staat Dein Geld

- Achte auf die tatsächliche Rendite! Gibt ein Finanzdienstleister nur eine durchschnittliche Rendite an, ignoriere und vergiss ihn

- Vermeide Gebühren jeglicher Art. Fliehe vor ihnen wie der Teufel vor dem Weihwasser

- Geh kein Risiko ein. Stelle Dich immer auf die Gewinnerseite, auch wenn sämtliche "Finanzexperten" zu etwas Anderem raten

- Absolut niemand kann die Zukunft vorhersagen. Traue keinen Versprechungen von der "vergoldeten Rente"

- Studiere die AGBs oder lass das einen Fachmann machen. Gibt es Knebelparagraphen oder werden Leistungen unter bestimmten Bedingungen ausgeschlossen, wirf den Werbeprospekt für dieses Finanzprodukt in den Müll

Kluge Anleger wie Warren Buffett wissen wie man das Finanzcasino schlägt. Lerne von diesen Leuten und lies das nächste Kapitel.

Wie Du den Fallen des Finanzcasinos entkommst

Schützen kannst Du dich vor den raffinierten Tricks des Finanzcasinos, indem Du einfache Kinderfragen stellst. Geld anlegen ist kein Hexenwerk, das meiste was Du darüber wissen musst, haben Dir deine Eltern höchstwahrscheinlich beigebracht. Dieses Kapitel mag ein wenig infantil wirken, ist aber trotzdem wichtig. Durch Vereinfachung und Konzentration auf das Wesentliche durchschaust Du die Fallen des Finanzcasinos besser. Lass mich an dieser Stelle ein paar typische Kinderfragen beantworten:

Warum muss mein Finanzberater genau wie ich jeden Tag zur Arbeit fahren?

Weil viele seiner Tipps nicht funktionieren. Sitzt Du wieder einmal vor einem Finanzberater, studiere diesen Menschen. Ist er selbst reich? Wie viele Ferraris stehen in seiner Garage? Wendet er die Finanzstrategie, die er Dir empfiehlt auch selbst an? Höchstwahrscheinlich nicht. Er weiß, dass seine Produkte nichts taugen. Wäre es anders, würde er garantiert nicht mehr in einem muffigen Büro sitzen und für die Bosse arbeiten.

Warum besitzen Banken die schönsten Wolkenkratzer in Frankfurt, New York und Shanghai?

Weil es genug Dummköpfe gibt, die ihnen diese Gebäude finanzieren. Sie fallen auf bunte Hochglanzprospekte und Werbespots im Fernsehen herein und kaufen fleißig Aktienfonds oder andere Wertpapiere. Die Banken kassieren dafür Gebühren und bauen damit ihre glitzernden Prunktempel. Anleger, die das Geld für den Bau der Wolkenkratzer bereitstellen, dürfen diese Gebäude oft nicht einmal betreten. Dort residieren ausschließlich die Bosse.

Warum sind Dispokredite so teuer?

Weil die Bank damit ein Risiko eingeht. Der Kreditnehmer könnte seine Raten nicht pünktlich oder gar nicht bezahlen. Um sich davor zu schützen, verlangt die Bank vom Kreditnehmer Sicherheiten. Das kann beispielsweise eine Lebensversicherung sein, die gepfändet werden kann. Außerdem ermittelt die Bank mit einem Scoring-Wert wie hoch das Risiko des Zahlungsausfalls ist. Hast Du ein paar Mal einen Kredit nicht zurückbezahlt, giltst Du als hohes Risiko und musst für den neuen Kredit mehr bezahlen.

Kann ich selbst einer Bank Geld leihen und dafür Zinsen kassieren?

Ja, indem Du Anleihen von dieser Bank kaufst. Damit stellst Du der Bank für einen vorher festgelegten Zeitraum Geld zur Verfügung.

Kann ich selbst festlegen wie viele Zinsen ich bekomme, wenn ich einer Bank mein Geld leihe?

Nein, dummerweise nicht. Die Bank legt die Zinsen fest und stuft sich dabei selbst als niedriges Risiko ein. Deshalb bekommst Du nur magere Zinsen, wenn Du der Bank dein Geld leihst. Ein Beispiel: Meine Hausbank verlangt für einen Dispokredit derzeit 16 % Zinsen. Leihe ich ihr hingegen mein eigenes Geld, indem ich es beispielsweise auf ein Tagesgeldkonto lege, speist sie mich mit 0,7 % Zinsen ab.

Aber ist das nicht genau der gleiche Vorgang? Ist es nicht egal, wer Kreditnehmer und wer Kreditgeber ist?

Technisch gesehen macht es keinen Unterschied wer wem Geld leiht. Eine Partei tritt als Kreditgeber auf, die andere als Kreditnehmer. Aber die Spielregeln sind vom Finanzcasino gemacht. Willst Du dir Geld von der Bank leihen, wird schamlos abkassiert. Leihst Du hingegen der Bank Dein Geld, speist sie Dich mit einem Almosen ab, das sofort von der Inflation aufgefressen wird. Glücklicherweise gibt es im Internet Plattformen wie Auxmoney , über die Du Geld zu einem deutlich höheren Zinssatz verleihen kannst.

Wie kann ich bei der Geldanlage das Risiko eines Kreditnehmers einschätzen?

Wenn Du Wertpapiere kaufst, leihst Du dein Geld einer Bank, einem Unternehmen oder einem Staat. Um das Risiko einzuschätzen, musst Du dir ansehen wieviel Kapital dem Kreditnehmer zur

Verfügung steht. Besitzt er viel Geld? Hat er Schulden? Bezahlt er seine Schulden pünktlich?

Besonders einfach klappt das bei den Staaten. Du musst Dir nur die Nachrichten ansehen, um zu wissen wie es einem Land gerade geht. Angenommen, Du möchtest dem Deutschen Staat Geld leihen. Das kannst Du machen, indem Du bei der Finanzagentur der Bundesrepublik Deutschland oder bei Deiner Hausbank Bundesschatzanweisungen kaufst. Stellst Du der Regierung Dein Geld zwei Jahre lang zur Verfügung, erhältst Du dafür jährliche Zinszahlungen (Kupons), die festgelegt sind. Am Ende bekommst Du Dein Geld in voller Höhe plus den letzten fälligen Kupon zurück. Besteht hier ein Risiko? Nein. Erstens ist die Laufzeit gering, was die Anlage wenig anfällig für Kursschwankungen macht. Zweitens gilt Deutschland als finanzkräftiges und stabiles Land, das nicht plötzlich verschwinden oder pleitegehen wird. Beide Faktoren drücken den Kreditzins, du bekommst nur schlappe 0,25 %.

Wie sieht es mit Griechenland aus? Auch dieses Land leiht sich Geld über Schatzanweisungen. Sie werden nach dem Fälligkeitsdatum benannt, etwa „Greece 2016 12". Ansonsten entsprechen alle Regelungen exakt denen der Deutschen Bundesschatzanweisung (Laufzeit: 2 Jahre, Zinszahlung über Kupons, etc.). Der Kupon, also die Zinsen, die Du bei der griechischen Anleihe einmal jährlich erhältst, beträgt 5,250 %. Das ist einundzwanzigmal mehr als die Bundesrepublik Deutschland für die gleiche Leistung zahlt! Der Grund dafür ist klar. Griechenland gilt als Kreditnehmer mit sehr hohem Ausfallrisiko. Ein Blick in die Nachrichten reicht, um das herauszufinden. Deshalb muss es Dir notgedrungen mehr Geld für den Kredit bezahlen. Würden schlaue Anleger ein griechisches Wertpapier kaufen? Eines mit sehr kurzer Laufzeit schon. Griechenland kann untergehen, es ist aber unwahrscheinlich, dass so etwas in den nächsten zwei Jahren passiert. Eine längerfristige Anleihe würde ich nicht machen, dafür ist die politische Lage zu unsicher.

Bei Firmen und Banken läuft es nach dem gleichen Prinzip. Je höher das Ausfallrisiko und je länger die Laufzeit, desto mehr Zinsen bekommst Du für Dein verliehenes Geld. Das Ausfallrisiko wird hier nach dem vorhandenen Kapital bewertet. Firmen und Banken mit dicker Brieftasche können den Kredit eher zurückzahlen. Bei kleinen Firmen besteht das Risiko, dass sie Konkurs anmelden und ihre Aktie dadurch wertlos wird. Dieses Risiko lässt man sich durch hohe Zinsgewinne versüßen. Ein brandneues Internet-Startup muss höhere Zinsen zahlen als ein altgedientes Unternehmen wie Siemens.

Warum kann mir die Bank/der Finanzberater nicht genau sagen, wieviel Geld ich am Ende der vereinbarten Laufzeit bekomme?

Weil damit die ganzen fiesen Tricks des Finanzcasinos auffliegen würden. Durch das Angeben einer durchschnittlichen Rendite verschleiern sie den Verlust, der durch versteckte Gebühren entsteht. Abgesehen davon klingt die Zahl in der Werbung besser, weil die durchschnittliche Rendite oft höher ist als die tatsächliche Rendite.

Kann ich selbst die tatsächliche Rendite ausrechnen?

Aber klar doch. Das dafür nötige Prozent- und Zinsrechnen lernen Kinder in der 8. Klasse Hauptschule. Weißt Du, wieviel Geld Du am Ende der Laufzeit bekommen wirst, benutzt Du die einfache Renditeformel:

Rendite = Gewinn : Eingesetztes Kapital

Ein Beispiel mit Zahlen: Du verleihst 1.000 Euro und erhältst dafür zum Ende der Laufzeit 1.200 Euro. Daraus ergibt sich eine Rendite von 20 %.

Rendite = 1.200 : 1.000 = 1,2 = 20 %

Bei Aktien, deren Herausgeber eine Dividende zahlen, wird es ein bisschen schwieriger:

Rendite = ((Kurs am Ende - Kurs am Anfang) + Dividenden) : Kurs am Anfang

Hast Du 10 Euro für eine Aktie bezahlt, sie später für 20 Euro verkauft und dazu 3 % Dividende kassiert, sieht die Formel mit Zahlen so aus:

$$\text{Rendite} = ((20 - 10) + 3) : 10 = 1{,}3 = 30\ \%$$

Am kompliziertesten sind Anleihen zu berechnen. Dafür benutzt Du diese Formel:

$$\text{Rendite} = ((((\text{Kupon} + (\text{Verkaufskurs} - \text{Kaufkurs}) : \text{Laufzeit})) : \text{Kaufkurs})) * 100$$

Das sieht auf den ersten Blick übel aus, diese Formel besteht aber auch nur aus simplen Grundrechenarten und zwei Brüchen. Es ist nichts dabei, was ein Hauptschüler nicht ausrechnen könnte. Im Internetzeitalter geht es noch einfacher: Im Premiumbereich meiner Webseite **www.markushermannsdorfer.com** findest Du drei Renditerechner. Je nach Wertpapier gibst Du einfach passende Werte ein und erhältst sofort die tatsächliche Rendite angezeigt. Kann oder will Dir ein Finanzberater die tatsächliche Rendite eines Wertpapiers nicht nennen, sag ihm, dass Du keine Geschäfte mit Leuten machst, die dümmer sind als ein 14-jähriger Hauptschüler. Und wirf ihm dieses Buch an den Kopf. Dein Geldbeutel wird es Dir danken.

Warum bleiben Reiche reich und Arme immer arm?

Es liegt an der unterschiedlichen Erziehung. Erinnerst Du dich an meinen Kumpel Joel Drapper, über den ich im zweiten Kapitel dieses Buches geschrieben habe? Sein Vater arbeitet als Investmentbanker bei Goldman Sachs. Wie jeder Vater wünscht sich auch Papa Drapper, dass sein Sohn irgendwann in seine Fußstapfen tritt. Also bringt er dem kleinen Joel alles bei, was ein Investmentbanker wissen muss. Dazu gehört das Hantieren mit sechs- bis siebenstelligen Summen, das Anlegen auf internationalen Finanzmärkten, Renditeberechnung, Steuertricks und noch vieles mehr. Wundert es jemanden, dass mein Kumpel gut mit Geld umgehen kann?

Natürlich wünschen alle Eltern ihren Kindern Glück und Wohlstand. Aber wie soll ein Fabrikarbeiter, der nie mit Aktien gehandelt oder Millionenbeträge hin- und hergeschaufelt hat seinem Kind das nötige Fachwissen vermitteln? Er besitzt keinerlei praktische Erfahrung mit diesen Dingen. Schulen vermitteln dieses Wissen nicht. Dafür muss man auf eine Elite-Universität gehen. Mein

Kumpel Joel wurde nach Princeton geschickt, eine Bildungseinrichtung, die in Amerika nicht ohne Grund den Spitznamen "Banker-Uni" trägt.

Es gibt aber Hoffnung: Kinder und auch Erwachsene, die nicht in eine reiche Familie hineingeboren wurden, können sich heute selbst das nötige Fachwissen aneignen und finanzielle Bildungslücken schließen. Es ist möglich, Onlinekurse an der Universität Princeton zu belegen. Die kosten allerdings Gebühren. Günstiger bildet man sich auf Youtube oder Khan Academy fort.

Natürlich kann man auch Bücher wie dieses hier lesen. Es vermittelt Dir Fachwissen, das früher ausschließlich den Reichen vorbehalten war. Dadurch wird das Problem der unterschiedlichen Erziehung eliminiert. Arme müssen nicht arm bleiben. Sie müssen sich nur auf die richtige Art weiterbilden. Machen das alle Menschen, wird es irgendwann keinen Unterschied mehr zwischen Arm und Reich - keine Schere, die immer weiter auseinanderklappt, geben. Das ist einer der

Träume, die ich mit meinen Just be free-Büchern möglichst vielen Menschen erfüllen will.

Das war jetzt genug Eigenwerbung. Es wird langsam Zeit die beiden Eimer zu füllen, die ich im Kapitel mit der Asset Allocation beschrieben habe. Nachdem Du die Tricks des Finanzcasinos kennst, sollte Dir das Auffüllen nicht schwerfallen.

Wertpapiere für den Eimer "Sicherheit"

Du erinnerst Dich an den Trick mit der Hosentasche im Spielcasino? Der Eimer "Sicherheit" ist diese Hosentasche. Dort kommen alle Vermögenswerte hinein, die Du nicht auf dem Spieltisch liegen und in jedem Fall als Gewinn mit nach Hause nehmen willst. Wertpapiere, die Du dort hineinlegst, klingen häufig etwas altbacken und langweilig. Den meisten deutschen Anlegern sind ihre Namen bekannt. Sie bieten keinen Thrill, niemand fühlt sich wie der Wolf of Wall Street, wenn er einen Bausparvertrag abschließt. Aber darum geht es hier auch gar nicht. Geld, das im Eimer "Sicherheit" liegt, soll sich langfristig vermehren. Der Aufbau des Vermögens geht langsam, aber dafür ohne Risiko voran.

Sollte Dich das langweilen, denk einfach an die Fabel vom Windhund und der Schildkröte. Windhunde sind wahnsinnig schnell, sie gehen bei einem Rennen aber auch ein hohes Risiko ein. Auf der Rennstrecke passiert alles Mögliche, erstaunlich oft gewinnt die Schildkröte das Rennen.

Es gibt noch weitere Beispiele aus dem täglichen Leben. Wie oft hat dich ein drängelnder und hupender Autofahrer überholt? Und wie oft hast du ihn ausgelacht, nachdem du festgestellt hast, dass ihn seine aggressive Fahrweise keinen Meter schneller ans Ziel brachte? Anderes Beispiel: Wie oft hast Du dich im Supermarkt schon in der falschen Warteschlange angestellt? Du warst Dir hundertprozentig sicher, dass es in Schlange A schneller vorangeht. Doch dann sorgt ein einziges Ereignis, etwa eine nicht funktionierende Kreditkarte oder eine alte Dame, die ewig zum Nachzählen des Wechselgeldes braucht dafür, dass Schlange B längst abgefertigt ist, während Du immer noch wartest.

Menschen lassen sich gerne von ihren eigenen Vorstellungen täuschen. Sie glauben, dass es so oder anders schneller oder besser geht und wundern sich, wenn sich die Annahme wieder einmal als falsch herausgestellt hat. Viele Millionen Anleger weltweit erlebten bereits die Erfahrung, dass ihnen der langweilige Eimer „Sicherheit" am Ende mehr Geld einbrachte, als der für Dein Spielgeld vorgesehene Eimer "Risiko".

Mit der Aufteilung des Geldes in verschiedene Eimer, die Asset Allocation genannt wird, schützt Du dich gewissermaßen vor Dir selbst. Täuschungen und falsche Annahmen, denen Anleger ausgesetzt sind, werden durch die Eimer-Methode ausgehebelt. Füllen wir nun den Eimer "Sicherheit". Folgende Wertanlagen kommen hinein:

Tagesgeldkonto Geld, das auf dem Girokonto liegt, verzinst sich nicht. Lange Zeit galt das Tagesgeldkonto als ideale Alternative, denn das dort liegende Geld verzinste sich mit drei bis fünf Prozent. Von solchen Zahlen können wir heute nur noch träumen. Der derzeitige Spitzenreiter, die Volkswagen-Bank, zahlt für Tagesgeld schlappe 1,25 %. Alle anderen Banken liegen weit darunter. Um ein geeignetes Tagesgeldkonto zu finden, nutzt Du am besten ein Vergleichsportal wie Check24. Geld, das auf dem Tagesgeldkonto liegt, ist jederzeit verfügbar. Lagere dort nur ein paar Euro für Notfälle.

Festgeld/Termingeld Bei dieser Anlageform leihst Du einer Bank Geld über einen bestimmten Zeitraum und erhältst dafür Zinsen, deren Höhe bereits im Vorfeld festgelegt wird. Über die Seite tagesgeldvergleich.net findest Du heraus, welche Bank wieviele Zinsen zahlt. Was Du bekommst, hängt wie üblich von der Laufzeit und der Sicherheit des Kreditnehmers (hier: der Bank) ab. Legst Du 10.000 Euro für 60 Monate an, kannst Du mit etwa 2 % Zinsen rechnen.

Sparbuch/Sparbrief Der absolute Klassiker darf nicht fehlen. Sparbriefe werfen etwa die gleichen Zinsen ab wie ein Tagesgeldkonto. Das Oma und Opa noch bestens bekannte Sparbuch verzinst sich leider so gut wie gar nicht mehr.

Bargeld Unter bestimmten Umständen kann auch auf dem Girokonto liegendes Bargeld eine

Kapitalanlage sein. Während einer Deflation fallen die Preise für alle Waren, Du bekommst mehr für einen Euro. Dieses Szenario kommt allerdings nur selten vor. Häufiger ist die Inflation. In dieser Phase steigen die Preise, Dein Geld ist weniger wert. Geld auf dem Girokonto zu parken, ist nur während einer Deflation sinnvoll.

Geldmarktfonds Banken, Staaten und andere institutionelle Anleger besorgen sich ihr Geld häufig über Geldmarktfonds. Diese Produkte enthalten Obligationen, Termingelder, Schuldscheindarlehen und ähnliches. Leider werfen Geldmarktfonds kaum Zinsen ab und werden außerdem von einem Manager aktiv betreut, wodurch hohe Gebühren anfallen können. Willst Du Geldmarktfonds in den sicheren Eimer legen, achte darauf, dass alle Gebühren zusammen maximal 0,3 % betragen.

Anleihen Eine weitere Möglichkeit dem Staat, Banken oder Firmen Geld zu leihen und dafür Zinsen zu kassieren, sind Anleihen - auch bekannt unter Begriffen wie verzinsliches Wertpapier,

Rentenpapier, Obligation oder Bond. Anleihen sorgen bei Anlegern oft für Verwirrung, denn ihr Wert steigt, wenn die Zinsen für Kredite fallen. Umgekehrt sinkt ihr Wert in Zeiten mit hohen Kreditzinsen. Das beste Mittel, um sorgenfrei zu leben und alle Risiken abzufedern, ist Diversifizieren. Kaufe nicht eine einzelne Anleihe, sondern einen günstigen Indexfond, der verschiedene Wertpapiere dieser Art, beispielsweise Bundesschatzanweisungen und deutsche Rentenpapiere enthält. Relativ neu auf dem Markt sind Anleihen, die gegen Inflation geschützt sind. Auch solche Papiere gibt es gebündelt in Indexfonds. Das einzige Risiko bei Anleihen besteht darin, dass der Kreditnehmer pleitegeht. Senken kannst Du dieses Risiko, indem Du nur Indexfonds mit Anleihen von starken und stabilen Staaten kaufst. Auch hier kannst du diversifizieren und das Risiko auf verschiedene Länder verteilen. Es kann vielleicht irgendwann passieren, dass Deutschland pleitegeht und aufgelöst wird. Es ist aber extrem unwahrscheinlich, dass gleichzeitig auch Norwegen, Schweden und Dänemark dieses Schicksal erleiden. Sollte das wirklich passieren, sind Anleihen unsere kleinste Sorge...

Investierst Du lieber in Firmen oder Banken, nimmst Du nur die größten und stabilsten und senkst das Risiko zusätzlich durch Diversifikation.

Riester- und Rürüpverträge Aufgrund der steuerlichen Begünstigung stocken viele Anleger ihre Altersversorgung mit Riester- oder Rürüpverträgen auf. Leider werfen 98 Prozent dieser Verträge keine Rendite ab, denn der Gewinn wird durch zahlreiche versteckte Gebühren aufgefressen. Noch dazu enthalten die AGBs dieser Produkte zahlreiche Knebelparagraphen, die den Anleger gewaltig einschränken. Schlaue Anleger ignorieren die Angebote der bekannten Anbieter und suchen im Internet nach besseren Lösungen. Dort bieten Seiten wie fairr.de Riester- und Rürüpverträge mit verhältnismäßig geringen Gebühren an. Während alle anderen Riester- und Rürüp-Anbieter teure, aktiv gemanagte Aktienfonds in ihre Produkte packen, setzt fairr.de auf ETFs, die je nach Ausführung nur 0,13 % bis 0,48

Prozent Gebühr kosten. Hinzu kommt eine Kontoführungsgebühr in Höhe von 2,25 Euro monatlich. Die wird nicht von fairr.de erhoben, sondern von der Sutor-Bank, die das Wertpapier verwaltet. Der Webdienst selbst kassiert nochmal 1,5 %, dieser Betrag sinkt aber im Lauf der Zeit auf 0,5 Prozent. Diese Kosten verringern Deine Rendite in der Ansparphase um etwa 1 %. Das ist deutlich weniger als bei allen anderen Anbietern.

Bausparvertrag Schaffe, schaffe Häusle baue zählte schon immer zu den Vorlieben der Deutschen. Der Bausparvertrag bedient dieses Interesse perfekt. Diese Kapitalanlage funktioniert nach einem simplen Schema: Du legst eine Bausparsumme fest, sagen wir 10.000 Euro. Etwa die Hälfte dieser Summe zahlst Du in festgelegten Monatsbeiträgen auf ein Bausparkonto ein. Den restlichen Betrag bekommst Du in Form eines günstigen, zweckgebundenen Darlehens für Bauvorhaben ausgezahlt. Viele Bausparkunden verzichten auf das Darlehen und sparen den Vertrag einfach voll. Anschließend lassen sie das Geld liegen und kassieren verhältnismäßig hohe Zinsen.

Es gibt inzwischen aber ein Problem: Die Bausparkassen können oder wollen die hohen Zinsen nicht zahlen. Deshalb werfen sie seit einiger Zeit alle Kunden raus, deren Verträge fast oder ganz vollgespart sind und verweigern die Auszahlung der angesparten Zinsen. Die Anleger sind von diesem Arschloch-Verhalten wenig begeistert und reagieren mit Sammelklagen und Shitstorms in den sozialen Netzwerken. Das hält potentielle Neukunden davon ab in Bausparverträge zu investieren. Ändern die Bausparkassen ihr Verhalten nicht, gibt es bald keine Bausparkassen mehr.

Renten- und Lebensversicherungen Auch die Anbieter von Renten- und Lebensversicherungen haben sich in den letzten Jahren nicht gerade mit Ruhm bekleckert. Jahrelang lockten sie Neukunden mit einem „Garantiezins", der garantiert niemals ausgezahlt wurde. Sobald die Zinsen für Sparprodukte nach unten gingen, senkten auch die Versicherer ihre Zinsen und legten Regelungen in ihren Verträgen zu Ungunsten der Anleger aus. Im Gegensatz zu den Bausparkassen haben die Anbieter von Renten- und Lebensversicherungen ihre Lektion aber inzwischen gelernt und neue Produkte auf den Markt gebracht, die einen Blick wert sind. Einige dieser Versicherungen bieten einen Schutz vor Kursverlusten. Kombinierst du sie mit anderen Dingen, etwa ETFs, nimmst Du den Gewinn mit wenn die Aktien steigen. Fallen die Aktien, passiert Dir gar nichts. Du spielst jetzt Roulette ohne die Gefahr Geld zu verlieren! Ist die Lebensversicherung auch noch steuerbegünstigt, kannst Du zusätzlich verhindern, dass das Finanzamt die Rendite kassiert. Auch Renten- und Lebensversicherungen verstecken zahlreiche Gebühren und Knebelparagraphen in ihren AGBs. Pass gut auf, worauf Du dich bei diesen Produkten einlässt und lasse die Geschäftsbedingungen von einem unabhängigen Fachmann oder einer Verbraucherberatung prüfen. Kündigst Du eine Lebensversicherung vorzeitig, musst du herbe Verluste einstecken.

Strukturierte Wertpapiere Um Neukunden zu fangen, denkt sich die Finanzindustrie immer wieder neue Produkte aus oder kombiniert vorhandene Dinge miteinander. Relativ neu auf dem Markt sind strukturierte Wertpapiere. Auf den ersten Blick funktionieren sie wie Anleihen. Du leihst einer Bank Geld für einen festgelegten Zeitraum und erhältst dafür oft ansehnlich hohe Zinsen. Die strukturierten Wertpapiere sind aber mit anderen Produkten wie dem S & P 500-Index oder sogar extrem risikoreichen Derivaten gekoppelt. In diesem Fall trägt der Anleger ein doppeltes Risiko. Das erste bezieht sich auf den Kreditnehmer, der pleitegehen kann. 2008 mussten zahlreiche Anleger in Deutschland erfahren, was das bedeutet. Sie hatten in strukturierte Wertpapiere von Lehman Brothers investiert, einer Wallstreet-Großbank, die während der Finanzkrise Konkurs anmelden musste. Kommt zu diesem Risiko noch ein weiteres, durch Derivate oder andere undurchsichtige Finanzprodukte verursachtes hinzu, hat das Papier definitiv nichts im Eimer „Sicherheit" verloren. Wie sieht ein gutes strukturiertes Wertpapier aus? Zunächst einmal sollte es Dich zu 100 % vor Kursverlusten schützen. Als Kreditnehmer kommt nur eine traditionsreiche Großbank mit hohen Bewertungen in Frage. Gut ist auch eine Koppelung mit bekannten Finanzprodukten, deren Risiko Du abschätzen kannst. Die amerikanische Großbank J.P. Morgan beispielsweise hat ein strukturiertes Wertpapier im Angebot, das Dich zu 100 % vor Kursverlusten schützt und Dir 90 % der Gewinne aus dem bekannten und bewährten S & P 500 Index von Standard & Poors sichert.

Wertpapiere für den Eimer "Risiko"

Wieder einmal kehren wir gedanklich an den Roulette-Tisch zurück. Alles Geld, das Du auf dem Spieltisch liegen lässt und einsetzt, entspricht dem Eimer „Risiko". Mit diesem Geld hast Du eine Chance den Jackpot zu gewinnen und richtig reich zu werden. Fällt allerdings die falsche Farbe oder Zahl, gewinnt das Casino und nimmt Dir alles. **Wirklich alles!**

Natürlich machen die Finanzprodukte im Eimer „Risiko" mehr Spaß. Ihre Namen klingen sexy, Du fühlst Dich wie der Wolf of Wall Street, wenn Du damit herumspielst. Gewinnst Du haushoch, mach es wie beim Roulette. Verschiebe einen Teil des Gewinns in den Eimer „Sicherheit". Mit dem restlichen Geld zockst Du weiter.

Wichtiger Hinweis: *In den späteren Kapiteln dieses Buches zeige ich Dir, wie Du auch im Eimer „Risiko" ohne Risiko spielen kannst. Das auf dem Titel versprochene Ergebnis lautet nicht Roulette-Spiel, sondern risikofreies Depot. Betrachte die* *folgende Auflistung von Wertpapieren deshalb nicht als Kaufempfehlung. Ich will Dir an dieser Stelle nur die Funktionsweise der Vermögenszuweisung (Asset Allocation) zeigen. Nur wenn Du diesen Finanztrick verstanden hast, kannst Du später ein risikofreies Depot bauen, mit dem Du garantiert immer den Jackpot gewinnst.*

Was legst Du in den Eimer "Risiko"?

Aktien Kaufst Du Aktien einer bestimmten Firma oder Bank, wirst Du zu einem Teilhaber dieses Unternehmens. Du wirst an den Unternehmensgewinnen beteiligt und erhältst eventuell eine zusätzliche Dividende. In gleicher Weise musst Du aber auch die Verluste des Unternehmens mittragen. Geht es der Firma schlecht, geht es Dir ebenfalls schlecht. Wie alle Finanzprodukte unterliegen auch Aktien einer Risikobewertung. Kaufst Du Aktien einer bekannten und seit Jahren im Markt etablierten Firma, etwa Siemens oder Coca Cola, gehst Du ein geringes Risiko ein. Dementsprechend niedrig fällt der Gewinn bei diesen

Aktien aus. Sie steigen in der Regel nur sehr langsam und fallen kaum. Das liegt an der hohen Marktsättigung und zahlreichen Stammkunden, die das Unternehmen stützen. Hast Du etwas Geld im Eimer „Sicherheit" gesammelt, kannst Du damit während einer Finanzkrise Aktien von etablierten Firmen zu besonders günstigen Preisen kaufen. Ist die Krise überstanden, steigen diese Aktien garantiert wieder auf den alten, hohen Wert. Der exzentrische Milliardär Richard Branson, bekannt für seine markigen Sprüche, drückt es so aus: „Kaufe am besten, wenn die Leichen auf der Straße liegen."

Investierst Du in ein unbekanntes Unternehmen, etwa ein Internet-Startup, bekommst Du die Aktie für wenig Geld und landest vielleicht den großen Wurf, wenn das Startup zum nächsten Google oder Facebook wird. Erweist sich das Startup allerdings als Rohrkrepierer, wird es von den Betreibern eingestampft und Dein ganzes Geld ist weg.

Exchange Trading Fonds (ETFs) An dieser Stelle spreche ich über echte ETFs, nicht über das, was Dir die Stümper in den Marketingabteilungen der Finanzdienstleister als ETF andrehen wollen. ETFs enthalten eine Kollektion an Wertpapieren, die einem bestimmten Thema folgt. Es gibt beispielsweise welche, die nur Aktien von Firmen enthalten, die in den letzten Jahren regelmäßig die Dividende gesteigert haben (Dividend Aristocrats ETF). Andere bilden einen Index wie den DAX nach, wieder andere bündeln Rohstoffe oder Staatsanleihen. Derzeit buhlen weltweit über 4.000 ETFs um die Gunst des Käufers. Einige Finanzberater - genau die Stümper, die den Unterschied zwischen ETF und Indexfond nicht kapiert haben - warnen inzwischen auf diversen Internetseiten vor den ETFs. Im Gegensatz zum Indexfond dienen diese Produkte nämlich nicht vorrangig der Vermögensbildung, sondern dem Handel am Aktienmarkt. Sie unterliegen dem gleichen Kursrisiko wie eine normale Aktie!

Beim Roulette entspricht der ETF den Feldern „Gerade" oder „Ungerade", beziehungsweise

„Rot" oder „Schwarz". Du setzt auf einen bestimmten Sektor oder eine bestimmte Zahlengruppe. Auf dem Aktienmarkt entspricht das Staaten mit bestimmten Merkmalen (Schwellenländer, Industrienationen), bestimmte Industriezweige oder eine Rohstoff-Art.

Junk-Bonds Damit hat der Wolf of Wall Street seine Millionen gemacht. Junk-Bonds sind Anleihen mit schlechter Bewertung und hohem Ausfallrisiko des Kreditnehmers. Die Griechenland-Anleihe, die ich Dir im vorletzten Kapitel vorgestellt habe, zählt zu den Junk-Bonds. Weil Du mit diesen Wertpapieren ein sehr hohes Risiko eingehst, erzielen sie extrem hohe Renditen, so lange das Geschäft nicht platzt.

Real Estate Indexfonds (REITs) Diese Wertpapiere funktionieren ähnlich wie ETFs, spezialisieren sich aber auf Immobilien. REITs bedienen bestimmte Themen, etwa Hochhäuser für Banken, Schwimmbäder oder Sozialwohnungen. Mit dem REIT spekulierst Du darauf, dass im gewählten Sektor ein Bau-Boom einsetzt.

Um einen guten REIT zu finden, musst Du eigentlich nur die Nachrichten studieren. Ich persönlich besitze REITs für Seniorenheime. Warum? Ich weiß, dass die Generation der Baby-Boomer innerhalb der nächsten Jahre in Rente geht. Das sind eine ganze Menge Leute. Die vorhandenen Seniorenheime werden für diese große Zahl an neuen Rentnern nicht ausreichen, es müssen zwangsläufig neue gebaut werden. Davon profitieren Anleger mit entsprechenden REITs.

An diesem Beispiel siehst Du wie ein schlauer Anleger denkt und handelt. Ich jammere nicht mit Politikern und Medien über den demografischen Wandel der Gesellschaft, der sich so oder so nicht verhindern lässt. Stattdessen nutze ich ihn als Möglichkeit Geld zu verdienen.

Die REITs zeigen auch sehr gut eine Regel des Marktes, die Du unbedingt im Gedächtnis behalten solltest. John Bogle, das ist der Kerl mit dem Vanguard Indexfond aus dem zweiten Kapitel, drückt es so aus: „Was steigt, wird wieder fallen.

Was fällt, wird wieder steigen." Konkretes Beispiel: Was folgt auf den Baby-Boom? Der Pillenknick. Ich weiß, dass meine REITs für Seniorenheime vom Baby-Boom profitieren. Sobald sich aber der Pillenknick auf die Anzahl neuer Rentner auswirkt, werden viele dieser Gebäude überflüssig und meine REITs fallen ins Bodenlose. Deshalb muss ich sie verkaufen, bevor es soweit ist. Mein Handeln ist durch die gesellschaftlichen Ereignisse gewissermaßen vorprogrammiert.

Social Lending Du kannst nicht nur Banken und Firmen Geld leihen. Über Internet-Plattformen wie Smava, Auxmoney und das ausländische Bondora trittst Du gegenüber Privatpersonen als Kreditgeber auf. Wie üblich stellt der Ausfall des Kreditnehmers das größte Risiko dar. Um Kreditnehmer besser einschätzen zu können, stellen Dir die Social Lending-Plätze Werkzeuge zur Verfügung, wie sie auch von Banken eingesetzt werden. Dazu gehören Tools, die den Kreditnehmer anhand eines Scoring-Wertes einschätzen und eine Risikoanalyse erstellen. Je schlechter der Scoring-Wert eines Kreditnehmers ist, desto mehr Zinsen muss er bezahlen. Du verdienst mehr, gehst aber auch ein höheres Risiko ein. Ich selbst nutze Bondora, weil es mein Geld auf mehrere Kreditnehmer verteilt (Diversifikation). Die Plattform macht das vollautomatisch, ich muss mich nicht selbst damit herumschlagen. Es erfordert allerdings ein bisschen Mut, Geld über eine schwedische Bank nach Estland zu überweisen.

Gold Vor allem in unsicheren Zeiten flüchten die Menschen gerne in beständige Werte wie Gold. Dass dieser Schuss auch nach hinten losgehen kann, erlebten Goldbesitzer im Jahr 2013 als der Preis für dieses Edelmetall um sagenhafte 25 % fiel. Kaufst Du Gold, spekulierst Du darauf, dass sein Preis steigt. Manche Leute kaufen es auch, um ein Zahlungsmittel zu haben, wenn das kapitalistische Wirtschaftssystem zusammenbricht.

Willst du mit Gold oder anderen Rohstoffen handeln, kaufst Du am besten nicht den Rohstoff selbst, sondern passende Indexfonds. Neben Gold werden auch Silber, Öl, Kaffee und Baumwolle gerne an den Börsen gehandelt.

Währungen Indem Du auf das Steigen oder Fallen von Wechselkursen setzt, kannst Du mit Währungen Geld verdienen - oder verlieren. Bevor Du daran denkst in diesen Markt einzusteigen, solltest Du wissen, dass Geld nur eine Illusion ist. Geld hat keinen realen Gegenwert, seit es durch Richard Nixon vom Gold entkoppelt wurde. 70 % der heute im Umlauf befindlichen Geldmenge wird nicht einmal mehr auf Papier gedruckt. Es existiert nur als Bits und Bytes in hochgezüchteten Großrechnern. Benötigt der Markt mehr Geld, klicken die Zentralbanken nur ein paar Mal mit der Maus. Schon sind ein paar Millionen mehr Euro, Dollar oder japanische Yen im Umlauf. Die Auswirkungen dieser Geldpolitik siehst Du täglich. Zinsen für Sparer fallen, die Inflation steigt. Genauso einfach können die Zentralbanken Geld auch wieder aus dem Markt herausnehmen. Klick! Schon sind die Millionen weg.

Strukturierte Wertpapiere Garantieren diese Anlagen sicheren Schutz vor Kursverlusten, gehören sie in den Eimer „Sicherheit". Decken Sie hingegen nur einen Teil des Risikos ab, gehören sie in den Eimer „Risiko". Ein strukturiertes Wertpapier kann beispielsweise nur ein Viertel des Kursverlustes abfangen. Fallen die mit dem Wertpapier verbundenen Aktien oder Fonds um nicht mehr als 25 %, bist Du geschützt. Fallen sie um 40 %, verlierst Du 15 % Deines Geldes. Wie immer wird das höhere Risiko besser bezahlt. Je mehr Risiko Du eingehst, desto höher ist die Rendite.

Wichtiger Hinweis: *Natürlich gibt es noch viel mehr Spielzeug auf dem Finanzmarkt. Was ist mit Derivaten, Credit Default Swaps und all den anderen Spaßmachern? Die meisten dieser Produkte sind für Zocker gedacht, die im Finanzcasino möglichst schnell abräumen wollen. Mein Buch erklärt aber den Aufbau eines passiv verdienten Vermögens, das nicht sofort wieder auf dem Spieltisch geopfert werden soll. Deshalb lasse ich die Hochrisiko-Produkte außen vor.*

Ein weiterer Eimer für Deine Träume

Glückwunsch an alle, die dieses Buch bis hierher gelesen haben! Ich weiß, dass Finanzthemen eine trockene Angelegenheit sind. Damit Du weißt wofür Du es machst und Dich auf eine Belohnung in naher Zukunft freuen kannst, füge ich unseren beiden Eimern jetzt noch einen weiteren hinzu.

Ich gehe davon aus, dass Du dein Geld nicht anlegst, um die Erben glücklich zu machen. Du willst selbst etwas davon haben. Erreichst Du ein bestimmtes Ziel, solltest Du den Erfolg feiern und Dich selbst belohnen. Auf diese Weise bleibst Du immer am Ball, Deine Motivation zum Anlegen geht nicht verloren.

Beschrifte diesen dritten Eimer mit „Träume". Er dient dazu Dinge zu realisieren, die Du schon immer haben oder machen wolltest. Wie wäre es mit einer Kreuzfahrt in die Karibik? Oder einem Großbildfernseher? Ein neues Auto vielleicht? Egal, was Du dir wünscht, mit dem Traumkübel kannst Du es realisieren.

Ich persönlich reise gerne. Immer wenn ich ein Ziel erreicht oder ein Projekt wie dieses Buch beendet habe, belohne ich mich mit einer Luxusreise in ein warmes Land mit Strand, Palmen und Pina Coladas. Oder auch mal mit einer Kreuzfahrt oder einer Safari in Afrika. Finanziert werden diese Reisen mit gesammelten Flugmeilen und Bonuspunkten von Hotelketten. Diese Dinge und etwas Geld für Essen, Souvenirs und andere Dinge landen in meinem Traumkübel.

Wie beim Eimer „Sicherheit" soll sich das darin liegende zweckgebundene Vermögen möglichst sicher und vollautomatisch vermehren. Sparst Du auf ein Auto oder einen Fernseher, baust Du den Traumkübel einfach genauso auf wie den Eimer „Sicherheit". Du legst dort die gleichen Dinge hinein und sorgst dafür, dass Dein Geld langsam aber stetig wächst. Ist der Traumkübel voll, kaufst Du das Traumauto - wohlgemerkt nicht mit Geld, das Du dir mühsam erarbeiten musstest. Die Zinsen für Deine Wertpapiere bezahlen das Auto. Bist Du so reisefreudig wie ich, baust

Du einfach meinen Traumkübel nach. In diesem Kübel liegen die folgenden Dinge:

Flugmeilen Die in Programmen wie Miles and More oder One World angebotenen Flugmeilen sind eine Art Währung. Für 40.000 Flugmeilen erhältst Du beispielsweise einen Flug mit Lufthansa in der Business-Klasse nach Dubai oder Brasilien. Geht es nach den Anbietern, sollst Du die Flugmeilen durch gebuchte Flüge sammeln. Es gibt aber einen eleganteren Weg: Weil ich um bestimmte Ausgaben wie Miete, Strom und Versicherungen nicht herumkomme, mache ich aus der Not eine Tugend. Ich bezahle die Miete über eine Miles-and-More-Kreditkarte, die von der Lufthansa herausgegeben wird. Dazu musste ich einen Dauerauftrag einrichten, damit die Miete automatisch vom Kreditkartenkonto abgebucht wird. Auf die gleiche Weise benutze ich ein paar notwendige Versicherungen zum Meilensammeln. Während ich warte und weiter brav meine Miete zahle, füllt sich der Traumkübel automatisch mit neuen Flugmeilen. Ist er voll, steige ich ins Flugzeug. Alternativ kannst Du Flugmeilen auch mit einer Payback-Karte sammeln. Ab 200 gesammelten Payback-Punkten kannst Du diese 1:1 in Flugmeilen umwandeln.

Bonuspunkte von Hotelketten Neben dem Flug brauche ich noch eine Unterkunft im Urlaubsland. Am besten in einem Fünf-Sterne-Luxushotel. Bonuspunkte von Hotels, etwa Hilton Honors-Punkte oder Best Western Rewards, kann ich auf die gleiche Weise sammeln wie Flugmeilen. Ich beantrage eine Kreditkarte, die passende Bonuspunkte gutschreibt und lasse eine lästige, regelmäßige Zahlung darüber laufen.

Bargeld Fehlt nur noch ein wenig Taschengeld. Steht das Reisedatum fest, investiere ich in ein sicheres, aber kurzfristiges Wertpapier. Ansonsten baue ich Geld über Anleihen oder ähnliche, länger laufende Anlagen auf. Mehr kommt in diesen Eimer nicht hinein.

Baust Du keinen Reise-Eimer, überlege Dir mit welchen Wertpapieren und Bonusprogrammen Du dein Ziel am schnellsten und sichersten erreichst. Wie wäre es mit einem langfristigen

Wertpapier für das Traumauto und Bonuspunkten von der Tankstelle für das Benzin? Mit Fantasie und der richtigen Strategie ist alles möglich.

Wie Du Wertpapiere immer zum garantiert richtigen Zeitpunkt kaufst

Kehren wir ein weiteres Mal zum Roulette-Tisch im Spielcasino zurück. Zwei typische Fehler von Spielern hast Du bereits erfolgreich eliminiert und Dir damit den Titel "Besonders schlauer Anleger" verdient. Ich wage zu behaupten, dass Du schon jetzt mehr weißt als 90 % aller Anleger.

Zocker und Anfänger setzen nur auf eine Zahl. Sie hoffen auf den großen Wurf. Schlaue Anleger hingegen streuen das Risiko, indem sie auf große Zahlenbereiche oder Eigenschaften wie Gerade und Ungerade setzen. Diesen Trick haben wir Diversifikation genannt.

Zocker und Anfänger lassen ihr gesamtes Geld auf dem Spieltisch liegen. Damit riskieren sie einen Totalverlust. Schlaue Anleger hingegen stecken einen Teil des Gewinns in die Hosentasche und fassen ihn nicht mehr an. Auf diese Weise gehen sie niemals mit leeren Taschen heim. Diesen Trick nannten wir Asset Allocation.

Welchen Fehler machen Zocker und Anfänger noch? Sie versuchen den perfekten Zeitpunkt für ihre Wette zu erraten. Dafür studieren sie den Croupier und versuchen herauszufinden, ob eine bestimmte Zahl besonders oft fällt. Oder sie benutzen Spielstrategien aus dem Internet, die schnelles Geld und garantierte Gewinne versprechen, aber so gut wie nie funktionieren. Egal was der Zocker anstellt, die Chance, dass sein Plan aufgeht, ist immer 50:50.

Übertragen auf den Finanzmarkt, studiert der Zocker - dort wird er Spekulant genannt - jeden Tag die Börsennachrichten und die Tipps der „Aktienexperten" im Fernsehen. Weil sich diese Dinge ständig ändern, muss er täglich handeln und sein Portfolio korrigieren. Deshalb nennt man den Spekulanten an der Börse auch Day-Trader.

Mit Chartanalyse-Programmen versucht er sich die Arbeit ein wenig zu erleichtern. Es ist möglich den Kurs einer Aktie über die letzten fünf Jahre zu analysieren und dabei festzustellen, dass diese Aktie im Juli immer gefallen und im September gestiegen ist. Dieses Verhalten entspricht dem Roulette-Spieler, der den Croupier studiert, um voraussagen zu können welche Zahl als nächstes fällt. Leider funktioniert dieser Trick nur selten. Dinge, die in der Vergangenheit passierten, geschehen nicht zwangsläufig auch in der Zukunft. Niemand, auch nicht der berühmteste Börsenexperte, kann vorhersagen, welchen Wert die Aktie von Siemens in drei Jahren haben wird. In der heutigen Zeit, in der plötzlich viel Geld druckende Zentralbanken oder Hochfrequenz-Händler dafür sorgen, dass sich Aktienkurse unlogisch verhalten, wird die Kurvenanalyse noch schwieriger. Damit steht die Gewinnchance des Spekulanten wieder bei - Du ahnst es schon - 50:50.

Als schlauer Anleger möchte ich nicht jeden Tag die Börsenkurse studieren. Ich will auch nicht täglich mit Wertpapieren handeln, denn jeder einzelne Kauf oder Verkauf kostet Geld. Bist Du gedanklich noch im Spielcasino, stell Dir vor, dass der Croupier jedes Mal Gebühren kassiert, wenn Du einen Spielchip auf den Tisch legst. Vermeidest Du das tägliche spekulieren und setzen, sparst Du automatisch eine riesige Summe an Gebühren. Abgesehen davon machen Deine Wertpapier-Kübel kaum noch Arbeit, nachdem sie einmalig eingerichtet wurden. Du gewinnst kostbare Zeit, die Du andernfalls mit dem Studieren der Börsennachrichten oder dem Senden von Kauf- und Verkaufsbefehlen an Deinen Aktienbroker verbringen müsstest. Nutze diese Zeit besser für sinnvolle Dinge. Triff Dich mit Freunden oder schau Dir die Simpsons im Fernsehen an. Um den richtigen Kaufzeitpunkt aus Deiner Anlage-Strategie zu werfen, hast Du zwei Möglichkeiten:

Methode 1: Regelmäßig Geld einzahlen

Als Technik-Freak automatisiere ich alles, was sich irgendwie automatisieren lässt - auch den Handel mit Wertpapieren. Angenommen, Du hast jedes Monat 300 Euro übrig, die Du investieren kannst. Sorge per Dauerauftrag dafür, dass dieses Geld automatisch auf ein bei Deinem Aktienbroker eingerichtetes Depotkonto überwiesen wird. Damit unterdrückst Du die teuflische Versuchung das Geld für irgendwelchen Unsinn auszugeben oder damit zu spekulieren. Jetzt musst

Du dem Aktienbroker nur noch sagen welche Wertpapiere er automatisch für Dich kaufen soll, sobald wieder 300 Euro auf dem Depotkonto landen. Sorge dafür, dass es ein paar für den Kübel "Sicherheit" und ein paar für den Eimer "Risiko" sind. Dieser Finanztrick, der in den USA „dollar-cost averaging" genannt wird, schützt Dich vor allem vor Dir selbst. Er verhindert, dass Du den Versuchungen des Finanzcasinos unterliegst und Dein Geld sinnlos verspielst. Abgesehen davon sparst Du Gebühren. Weil der Handel nur einmal monatlich stattfindet, zahlst Du die Gebühren nur einmal monatlich. Spekulanten, die täglich mit Wertpapieren handeln, bezahlen die gleichen Gebühren jeden Tag.

Wichtiger Hinweis: *Alles, was Du in diesem Buch bisher gelernt hast - von der Risikostreuung bis zum Aufteilen des Vermögens in Eimer - wird mit diesem einfachen Schritt automatisiert. Du musst Dir keine Gedanken mehr darum machen. Ist das nicht toll? Warum habe ich Dich dann vorher durch fast einhundert Seiten Finanztheorie gequält? Ohne das gelernte Wissen wärst Du nicht* *in der Lage dieses vollautomatische und zugleich sichere System einzurichten.*

Methode 2: Eine große Summe einzahlen

Es kommt hin und wieder vor, dass jemand plötzlich eine große Geldsumme zur Verfügung hat. Ein Bausparvertrag oder eine Lebensversicherung wird ausgezahlt, Du hast im Lotto gewonnen oder der berühmte, lange vergessene Onkel aus Amerika hat Dir eine Erbschaft hinterlassen. Sagen wir beispielhalber, Du hast gerade 10.000 Euro zur Verfügung. Du könntest dieses Geld auf ein Konto legen und von dort jeden Monat 1.000 Euro per Dauerauftrag abbuchen lassen (Methode 1), oder den gesamten Betrag auf Dein Depotkonto legen und vom Broker im gewünschten Verhältnis auf die Eimer „Sicherheit" und „Risiko" verteilen lassen (Methode 2). Was ist besser?

Kurz nach einer Finanzkrise, wenn alle Wertpapiere günstig zu kaufen sind, fährst Du mit Methode 2 besser. Du bekommst mehr für Dein Geld und fährst demzufolge mehr Geld ein, sobald sich der Markt erholt und die Aktien steigen. Erwischt

Du allerdings den falschen Zeitpunkt, verlierst Du sofort einen großen Batzen Geld. Da ist es wieder, das gute alte Zeitproblem.

In Zahlen ausgedrückt, sieht das so aus: 60 % von 1.000 Euro sind 600 Euro. Die verlierst Du wenn Du das Geld zu einem ungünstigen Zeitpunkt mit Methode 1 anlegst. Arbeitest Du zum gleichen Zeitpunkt mit Methode 2, verlierst Du 6.000 Euro. Das sind 60 % von 10.000 Euro.

Ist Methode 2 dieses Risiko wert? Es gibt Studien, die belegen, dass Du mit ihr deutlich mehr Geld verdienen kannst. Vorausgesetzt Du hast die meisten Risiken durch Diversifizieren und Verteilen auf verschiedene Eimer ausgeschaltet und erwischt auch noch den perfekten Zeitpunkt. Aber wieviel genau ist „deutlich mehr Geld?" John Bogle (der mit dem Vanguard-Fond) hat im Jahr 2012 eine Studie aufgestellt, die den Aktienmarkt über die letzten 80 Jahre hinweg untersucht hat. In zwei Drittel aller Fälle konnten Investoren mit Methode 2 mehr Geld herausholen. Die Mehreinnahmen betrugen im Durchschnitt 2,3 %.

Mir selbst sind die paar lumpigen Prozent das deutlich höhere Risiko von Methode 2 nicht wert. Mag sein, dass Du und ein paar Finanzprofis das anders sehen. Im Internet gibt es ellenlange Diskussionen zu diesem Thema. Welcher Argumentation Du folgst, bleibt am Ende Dir überlassen. Es ist Dein Geld.

Das Depot ausbalancieren und dabei Steuern sparen

Es gibt noch einen Finanztrick, den Du kennen musst - auch wenn Dir schon der Kopf raucht von dem ganzen Zeug. Wertpapiere verändern sich ständig, deshalb kann sich das Verhältnis in den Eimern "Sicherheit" und "Risiko" ebenfalls verändern. Nehmen wir an, Du hast Aktien von Apple im Eimer "Risiko" liegen. Diese Aktien steigen gerade gewaltig. Plötzlich beträgt das Verhältnis zwischen Sicherheit und Risiko nicht mehr 60:40, sondern 80:20, weil die Apple-Aktien mehr Gewinn als geplant generieren und dadurch schwerer wiegen. Jetzt musst Du durch Ausbalancieren wieder das normale Verhältnis herstellen.

Aber Halt! Empfiehlt Dir der Autor allen Ernstes Aktien zu verkaufen, die gerade ein Vermögen generieren? Wie blöd muss man sein, um diesem schrägen Tipp zu folgen! Denke immer an das Spielcasino. Was bringt Dich dazu ständig neues Geld auf den Spieltisch zu legen und Gewinne nicht zu sichern? Es sind Deine Gefühle. Der Thrill, dass Du beim nächsten Mal den Jackpot einsacken könntest. Spürst Du gerade das Jucken in Deinem linken Zeh? Ist das nicht eindeutig ein Zeichen? Meine Oma hat im Lotto gewonnen, kurz nachdem sie so ein Jucken im linken Zeh gespürt hat! Warum sollte es beim Roulette anders laufen? Das Ausbalancieren schützt Dich, wie viele der anderen Finanztricks in diesem Buch, vor Dir selbst. In einer Hochphase unterliegen Anleger gerne dem Trugschluss, dass der Höhenflug ihres Wertpapiers immer weitergeht. Sie sind regelrecht hypnotisiert von den tollen Zahlen und halten die Aktie viel zu lang. Bis das böse Erwachen kommt...

Bei der Apple-Aktie sieht das so aus: Im Juli 2012 gingen die Aktien dieser Firma steil durch die Decke. Sie stiegen um sagenhafte 44 % auf 614 US-Dollar pro Aktie. Zu dieser Zeit wurden die Risiko-Eimer der Investoren von der Apple-Aktie regelrecht dominiert. Wer ist verrückt genug eine solche Aktie zu verkaufen? Diejenigen, die es taten, waren im Jahr darauf froh darüber. Bis September 2012 ging der Höhenflug weiter auf 705 US-Dollar. Dann hatte die Achterbahn den höchsten

Punkt erreicht. Du weißt, was passiert nachdem eine Achterbahn die höchste Stelle passiert hat? Der Zug donnert steil nach unten! Im April des Jahres 2013 war die Apple-Aktie nur noch 385 US-Dollar wert, bis zum Juli 2013 erholte sie sich leicht und stand bei 414 US-Dollar. Alle, die diese Aktie über das Jahr hielten, verloren 41 Prozent ihres Vermögens. Alle, die ihr Portfolio rechtzeitig ausbalanciert und einen Teil der Apple-Aktien abgestoßen hatten, behielten etwas vom Gewinn und füllten damit ihre Sicherheits- und Traumkübel. Sie verließen das Casino nicht mit leeren Taschen. Erinnere Dich an dieser Stelle an den Spruch von John Bogle. Was steigt, wird wieder fallen. Was fällt, wird wieder steigen.

Du brauchst eine gehörige Menge Disziplin, um das Marktschreien der Finanzgurus zu ignorieren und ein Wertpapier zu verkaufen, das gerade spitzenmäßig läuft. Als schlauer Anleger, der sich ein passives Vermögen aufbauen und dabei kein unnötiges Risiko eingehen will, musst Du diese Disziplin aber aufbringen.

Um das Depotkonto auszubalancieren, nimmst Du zuerst den überschüssigen Gewinn vom Spieltisch. Schaufle das Geld in den Eimer „Sicherheit" und lege auch etwas in den Traumkübel, sofern Du einen hast. Genügt das nicht, verteilst Du die regelmäßigen Einzahlungen auf das Depotkonto anders, sofern Du Methode 1 aus dem letzten Kapitel benutzt. Hilft auch das nicht, musst Du dich wohl oder übel von ein paar gut laufenden Wertpapieren trennen, auch wenn es schwerfällt. Durch das Ausbalancieren gewinnst Du nicht ständig, aber deutlich öfter als ein Spekulant.

Wie oft Du das machen musst, darüber streiten sich die Experten. Einige sagen so oft wie möglich, andere begnügen sich mit zweimal im Jahr oder nur einmal jährlich. Ich selbst mache es alle 6 Monate und bin damit immer gut gefahren. Das Ausbalancieren schützt Dich nicht nur vor unnötigen Risiken. Es kann auch die Rendite gewaltig steigern. Die Disziplin zum Ausgleichen zwingt Anleger häufig dazu unterbewertete Aktien in das eigene Portfolio zu packen. Steigen diese Anlagen nach einiger Zeit im Wert, vergrößert sich

Dein Gewinn. Möglich ist das, weil mit diesem Trick gleich zwei Risikofaktoren - die Zeit und Du selbst - ausgeschaltet wurden.

Achte immer auf das Finanzamt!

Weil beim Ausbalancieren Wertpapiere hin- und hergeschoben und möglicherweise Gewinne ausgezahlt werden, kann sich das auf die Steuer auswirken. Du musst deshalb auch das Finanzamt immer im Auge behalten.

Bis zum Jahr 2009 hatten wir in Deutschland das gleiche System wie in Amerika. Wird dort eine Aktie weniger als ein Jahr lang gehalten, entsteht ein steuerpflichtiger Veräußerungsgewinn (ordinary income tax). Hält jemand die Aktie über ein Jahr im Depot, sind die daraus gewonnenen Erträge steuerfrei. Warum erkläre ich das? Viele der selbsternannten Finanzexperten im Internet und oft sogar gelernte Bankberater besorgen sich ihr Wissen auf amerikanischen Blogs oder in entsprechenden Fachbüchern, die von Leuten wie Robert T. Kiyosaki (Rich Dad Poor Dad) , Napoleon Hill (Think and grow rich) oder bekannten

Milliardären wie Warren Buffett und Richard Branson geschrieben wurden. Die Finanzgurus im Fernsehen zitieren häufig Tipps des US-Senders Bloomberg. Logische Folge: Viele der Finanztipps sind falsch und können Dir sogar ernsthaften Stress mit dem deutschen Finanzamt einbringen.

Hierzulande schert das Finanzamt alle Anleger über einen Kamm. Auf Aktiengewinne wird grundsätzlich 25 % Kapitalertragsteuer erhoben, fertig. Nun ja, nicht so ganz. Hinzu kommt noch der Solidaritätszuschlag (5,5 %) und Kirchensteuer, sofern Du dort nicht ausgetreten bist. Insgesamt kassiert das Finanzamt bis zu über einem Viertel von Deinem Gewinn (28 %).

Legst Du dein Geld bei einer inländischen Bank oder einem deutschen Aktienbroker an, wird die Steuer automatisch vom Gewinn abgezogen. Du musst Dich um nichts kümmern. Oder etwas böse gesagt: Du hast die gleichen Probleme wie ein Arbeitnehmer, der nichts gegen den automatischen Abzug der Lohnsteuer von seinem Gehalt unternehmen kann. Einen kleinen Lichtblick gibt es bei der automatischen Besteuerung: Machst Du in einem Jahr Verluste, merkt sich die Bank oder der Broker diesen Betrag. Machst Du im folgenden Jahr Gewinn, wird der Verlust des Vorjahres verrechnet. Du zahlst die fällige Kapitalertragsteuer nur auf den Differenzbetrag.

Umgehen kannst Du die Kapitalertragsteuer, indem Du dein Depot in eine fondsgebundene Renten- oder Lebensversicherung überträgst. Diese Versicherung bildet eine Art Behälter, in dem Du deine Wertpapiere beliebig ausbalancieren kannst, ohne dafür jedes Mal Abgeltungssteuer zu zahlen. Das dicke Ende kommt bei dieser Methode erst am Schluss. Endet die Vertragslaufzeit der Versicherung, wirst Du besteuert - und zwar mit dem normalen, persönlichen Steuersatz, der bis zu 45 % hoch sein kann. Um das Ganze ein wenig abzumildern, nutzen einige Versicherer ein kaum bekanntes Gesetz, das es möglich macht, dass nur die Hälfte des ausgezahlten Vermögens besteuert wird. Es gibt aber einen Haken: Du zahlst neben den üblichen Versicherungsgebühren zusätzlich Gebühren für den Fond, der mit der Rentenversicherung gekoppelt ist. Hier wird zweimal abkassiert! Die Kunst besteht wieder einmal darin eine günstige fondsgebundene Rentenversicherung zu finden. Dabei kann Dir ein unabhängiger Vermögensberater helfen.

Riester- und Rürüpverträge sind grundsätzlich von der Kapitalertragsteuer befreit und meistens günstiger als Renten- oder Lebensversicherungen. Auch sie werden erst am Ende der Laufzeit besteuert. Es ist möglich mehr als den Höchstbetrag in ein Riester-Papier einzuzahlen und sich dieses Geld zum Ende der Laufzeit als Rente auszahlen zu lassen. In diesem Fall wird der Überschuss deutlich geringer besteuert (etwa 18 %). Bei der Rürüp-Rente machst Du die Einzahlungen steuerlich geltend und reduzierst damit die normale Einkommenssteuer. Du könntest das Riester-Papier als Sicherheitskübel benutzen und dort die aus dem Risikokübel kommenden Gewinne einzahlen.

Auch das gute, alte Diversifizieren schützt Dich vor dem Finanzamt. Anstelle von einzelnen Aktien kaufst Du einen Aktienfond, bei dem Du selbst bestimmen kannst welche Wertpapiere hineinkommen. Beim Umschichten innerhalb des Aktienfonds fällt keine Abgeltungssteuer an. Achte aber unbedingt auf die Gebühren! Ist der Manager, der den Fond betreut noch gieriger als das Finanzamt (klingt unmöglich, kommt aber häufig vor), verlierst Du deine Rendite auch ohne Zutun der Steuerbehörde.

In die gleiche Kerbe schlagen Dachfonds. Das sind Behälter, in denen Du verschiedene Aktien- und Indexfonds ausbalancieren kannst. Das musst Du in der Regel nicht selbst machen. Weiß die Fondsgesellschaft in welchem Verhältnis Du deine Eimer füllen willst, balanciert der Fondsmanager Deine Anlagen aus. Beim Umschichten fällt keine Abgeltungssteuer an. Klingt gut, hat aber ebenfalls einen ganz gewaltigen Haken: Neben den Gebühren für den Dachfonds zahlst Du auch die Gebühren für alle darin enthaltenen Einzelfonds! Ziehe Dachfonds nur in Betracht, wenn sie extrem günstig angeboten werden. Findest Du einen, entkommst Du nicht nur der Abgeltungssteuer. Du automatisierst gleichzeitig das nervige Ausbalancieren. Die Suche nach einem in Frage kommenden Dachfonds ist aber extrem zeitaufwändig. Von 10.000 dieser Fonds bieten höchstens einer oder zwei annehmbare Bedingungen. Die Suche nach einem günstigen Dachfonds solltest Du unbedingt an einen Finanzberater oder einen virtuellen Assistenten auslagern.

Ein weiterer Gedanke liegt nahe: Willst Du verhindern, dass eine Bank oder ein Broker automatisch Abgeltungssteuer von Deinem Gewinn abziehen, kannst Du Dein Geld auch bei einem ausländischen Broker anlegen. Dort kannst Du erst einmal Gewinne einsacken, bis die Steuererklärung fällig ist. Der Zinseszins-Effekt beim Vermögensaufbau wird nicht durch die Abgeltungssteuer beschädigt. In der Anlage KAP Deiner Steuererklärung gibst Du nur den Gesamtgewinn an und zahlst nur einmalig die 25 % Steuern. Komme dabei aber nicht auf die Idee die ausländischen Einkünfte zu verheimlichen. Die deutsche Steuerfahndung arbeitet eng mit ausländischen Geheimdiensten wie der NSA zusammen und benutzt die gleichen Werkzeuge zum Schnüffeln - auch wenn sie das niemals öffentlich zugeben würde. Heute ist alles vernetzt und jeder kann ausspioniert werden - auch auf den Cayman-Inseln. Wirst du bei der Steuerhinterziehung erwischt, was dank moderner Technik garantiert passieren wird, drohen empfindliche Geld- und Gefängnisstrafen! Denk besser nicht mal daran.

Mit dem bis jetzt erworbenen Wissen bist Du in der Lage ein Wertpapierdepot zu bauen, das auch während der schlimmsten Finanzkrise Gewinn abwirft, jeder erdenklichen Situation trotzt und Dir ein passives Einkommen ohne Arbeitszwang garantiert. Bevor wir Butter bei die Fische machen, liefere ich Dir aber noch eine

Kurze Zusammenfassung

Was kannst Du aus den bisherigen Kapiteln an nützlichem Wissen mitnehmen?

- Anleger sind Kreditgeber. Versuche möglichst hohe Zinsen für Dein verliehenes Geld herauszuholen. Die Banken machen das auch

- Meide Gebühren und Steuern wie der Teufel das Weihwasser (diesen Tipp kann ich nicht oft genug wiederholen)

- Jeder 14-jährige Hauptschüler kann die tatsächliche Rendite eines Wertpapiers ausrechnen. Schafft Dein Finanzberater das nicht, ist er dumm oder ein Betrüger

- Auf Social Lending-Plattformen im Internet erhältst Du mehr Zinsen für Dein Geld

- Versuche stets, Dich finanziell weiterzubilden. Es zahlt sich in barer Münze aus

- Neben den Eimern „Sicherheit" und „Risiko" kannst Du einen weiteren für Deine Träume einrichten, in dem Du beispielsweise Bonuspunkte und Flugmeilen sammelst

- Spiel- und Anlagestrategien, die auf den richtigen Zeitpunkt setzen, funktionieren so gut wie nie. Zahle besser regelmäßig auf ein Anlagekonto ein und wirf den Faktor Zeit aus der Gleichung

- Kurz nach einer Finanzkrise kann es besser sein eine große Summe zu investieren, weil Du damit viele Top-Aktien zum kleinen Preis bekommst

- Balanciere Dein Depotkonto regelmäßig aus, auch wenn Du dabei ein paar gut laufende Wertpapiere verkaufen musst. Das Ausbalancieren schützt Dich herben Verlusten.

- Bedenke, dass viele der so genannten „Börsenexperten" ihre Tipps aus amerikanischen Quellen abschreiben. Für Deutschland haben diese Tipps keine Gültigkeit und können Stress mit dem Finanzamt verursachen

- Geld bei einem ausländischen Broker anzulegen, reduziert die Kapitalertragssteuer

- Verheimlichst Du im Ausland angelegtes Geld, wanderst Du ins Gefängnis

Der erste Schritt zu Deinem eigenen, garantiert krisensicheren Wertpapierdepot

Du hast jetzt schon eine ganze Menge durch dieses Buch gelernt. Du weißt, warum Spekulieren an der Börse schlecht für Deinen Geldbeutel ist. Du kennst zwei Methoden, mit denen Du risikofrei Geld anlegen kannst. Und Du weißt, wie Du die Fallen des Finanzcasinos umgehen kannst. Mit diesem Wissen kannst Du ein krisensicheres Wertpapierdepot anlegen, mit dem Du an der Börse immer gewinnst und ohne Risiko ein passives Vermögen aufbaust, das Dich vom permanenten Zwang arbeiten zu müssen befreit.

Den theoretischen Grundstein für das krisensichere Depot legte Ray Dalio, Gründer von Bridgewater Associates, dem größten Hedgefonds der Welt. Dieser Mann erlebte so ziemlich alles mit, was Politik, Gesellschaft und auch die Börsen zu bieten haben. Dazu zählt die Entkoppelung des Geldes vom Gold durch Richard Nixon 1971, die daraus resultierende Ölkrise 1973, gigantische Höhenflüge des Goldpreises, der Aufstieg und

Fall der Apple-Aktie, die Dotcom-Krise, die Finanzkrise 2008, die aktuelle Veränderung der europäischen Bevölkerung durch gigantische Flüchtlingsströme und noch vieles mehr.

Dalio weiß, dass sich die Zeiten ständig ändern. Es gibt friedliche und kriegerische, solche in denen Aktienkurse steil nach oben gehen und andere in denen Finanzkrisen die Anleger schockieren. Je nachdem welche Zeit gerade angebrochen ist, laufen mal Aktien besser, danach sind es wieder Anleihen oder Lebensversicherungen. Das liegt am Verhalten der Anleger. Verkünden die Börsennachrichten einen dramatischen Fall des DAX, flüchten die Anleger in sichere Anleihen, etwa Schatzbriefe eines Staates oder Gold. Läuft die Wirtschaft wieder besser, raten die Medien zum Investieren in Aktien. Die Anleger folgen diesen Tipps, die Situation dreht sich um. Ray Dalio studierte diese Sache lange und intensiv. Er stellte fest, dass Vermögenswerte nur von vier Dingen beeinflusst werden:

- Inflation
- Deflation
- Wirtschaftswachstum
- Schrumpfende Wirtschaft

So einfach, so simpel. Jedes dieser Dinge wirkt sich unterschiedlich auf Wertpapiere und andere Vermögenswerte aus. Das eine lässt Aktienkurse nach oben schnellen, das andere entwertet Gold oder Bargeld. Läuft es gut bei den Aktien, läuft es schlecht bei den Anleihen und umgekehrt.

Aus diesen Erkenntnissen entwickelte er vier wirtschaftliche Jahreszeiten, denen die Börsen ausgesetzt sein können. Im Gegensatz zu echten Jahreszeiten folgen diese hier keiner immer gleichen Reihenfolge, sondern treten zu unterschiedlichen Zeiten auf. Wann welche Jahreszeit kommt, hängt von den politischen, wirtschaftlichen und gesellschaftlichen Voraussetzungen ab. Gibt es gerade viele Kriege in der Welt, entsteht ein anderes Klima als in friedlichen Zeiten. Schwächelt die chinesische Wirtschaft, herrscht in den USA Sonnenschein. Beginnt es in den USA zu regnen, kommt dieses Sauwetter häufig auch zu uns nach Deutschland. Folgende Jahreszeiten hat sich Ray Dalio für die Börse ausgedacht:

- Höher als die erwartete Inflation (steigende Preise)
- Niedriger als die erwartete Inflation (oder Deflation)
- Höher als das erwartete Wirtschaftswachstum
- Niedriger als das erwartete Wirtschaftswachstum

Nachdem er seine Jahreszeiten beisammen hatte, musste er nur noch ein Wertpapier-Depot aufbauen, das all diesen Wetterlagen standhält. Dabei nutzte er die Finanztricks, die Du in diesem Buch gelernt hast weidlich aus (Diversifizieren, Asset Allocation, Gebühren sparen und Steuern vermeiden,...) Heraus kam folgendes:

30 % Aktien (keine Einzeltitel, sondern günstige Indexfonds)
15 % mittelfristige Staatsanleihen (Laufzeit 7 bis 10 Jahre)
40 % langfristige Staatsanleihen (Laufzeit 20 bis 25 Jahre)
7,5 % Gold
7,5 % andere Rohstoffe wie Silber oder Öl

Wenn Du die Sache mit den Eimern (Asset Allocation) kapiert hast, stellst Du schnell fest, dass diese Wertpapiersammlung eher konservativ ist und stark auf Sicherheit setzt. Die Staatsanleihen, seine Produkte für den Eimer „Sicherheit", machen 55 % aus. Der Eimer „Risiko" ist demzufolge nur 45 % groß.

Wie schlägt sich dieses angeblich krisensichere Depot am Markt? Hält es wirklich allen Wetterlagen stand? Tony Robbins, ein ehemaliger Redakteur bei Yahoo Finances, hat Ray Dalio interviewt und sein Depot einem Langzeittest unterzogen. In den Jahren 1984 bis 2013 betrug die durchschnittliche Rendite 9,72 %. Im gesamten Zeitraum gab es nur vier Jahre mit Verlusten. Einer davon betrug schlappe -0,03 %, am schlimmsten traf es das Depot im Jahr 2008 mit -3,93 %. Falls das für Dich schlimm klingt, der S&P 500 Index von Standard & Poors verlor 2008 stolze -37 Prozent! Ein weiterer Beweis, dass dieses Depot nicht allzu schlecht sein kann, ist das Wachstum von Dalios eigenem Hedgefond Bridgewater Associates, der natürlich auf das hauseigene, krisensichere Wertpapierdepot setzt. Seit der Gründung in den 1970ger Jahren baute Bridgewater ein Vermögen von sagenhaften 160 Milliarden US-Dollar auf und machte Dalio zu einem der reichsten Menschen weltweit.

Jackpot inklusive: Ein besseres Wertpapierdepot

Keine Frage, Ray Dalio hat großartiges geleistet und das Investieren quasi neu erfunden. Diese Leistung verdient Anerkennung und Respekt. Ohne seine Erkenntnisse hätte ich dieses Buch entweder gar nicht oder nur deutlich schlechter schreiben können.

Der Haken an der Sache ist, dass sein Musterdepot auf Ereignissen in der Vergangenheit basiert und auch nur mit Werten in der Vergangenheit getestet wurde. Das siehst Du beim hohen Anteil an Staatsanleihen besonders deutlich. Diese Papiere brachten lange Zeit gute Renditen und konnten kinderleicht die Verluste anderer Wertpapiere auffangen. Es gab tatsächlich Zeiten, in denen Du für einen deutschen Bundesschatzbrief 10 % Zinsen erhieltst. Du hast richtig gelesen. Diese Dinger vermehrten Dein Geld um 10 %, das entspricht der Gesamtperformance von Dalios Wertpapierdepot! Doch irgendwann sanken die Zinsen für Bundesschatzbriefe praktisch auf Null.

Im Jahr 2013 übertrafen die Kosten für das Verwalten dieser Wertpapiere die erwartete Rendite so weit, dass die deutschen Finanzbehörden die Reißleine zogen und den Bundesschatzbrief einstampften. Jetzt stell Dir vor, Du hast zu diesem Zeitpunkt 55 Prozent dieser Dinger in Deinem Eimer "Sicherheit" liegen...

Das zweite Problem betrifft Gold und andere Rohstoffe, die in Dalios Allwetter-Depot 15 Prozent ausmachen. Der Goldpreis änderte sich in den letzten 30 Jahren kaum, nur in den frühen 1980ger Jahren sowie in den Jahren 2001 bis 2011 erlebte es spektakuläre Höhenflüge. Nach 2011 verlor es ein Drittel seines Wertes. Insgesamt änderte sich der Goldpreis inflationsbereinigt so gut wie gar nicht. Man kann kurze Höhenflüge mitnehmen, macht aber über einen längeren Zeitraum keinen Gewinn. Alle anderen Rohstoffe verhalten sich weitgehend genauso.

Dalio und auch Tony Robbins, der das Allwetter-Wertpapierdepot in seinem Buch „ Money - Master the game: 7 Steps to financial freedom " empfiehlt, machen einen Fehler, der typisch für Spekulanten und Börsenneulinge ist. Sie gehen davon aus, dass Dinge, die in der Vergangenheit funktionierten auch in der Zukunft funktionieren.

Heute leben wir in einer globalisierten Welt, es gibt Werkzeuge mit denen sich renditefreie Anleihen und Rohstoffe ersetzen oder zumindest verringern lassen. Mein eigener Vorschlag für ein modernes, krisensicheres Depot sieht so aus:

20 % Aktien (gebündelt in günstigen, thesaurierenden Indexfonds, die möglichst viele Märkte abdecken)

5 % REITs (wähle solche, die ein akutes gesellschaftliches Problem bedienen, etwa Seniorenheime für in Rente gehende Baby-Boomer)

5 % US Small Cap ETFs (damit hast Du amerikanische Internet-Startups im Boot, die möglicherweise zu großen Firmen im Stil von Facebook oder Google werden)

15 % Aktien aus dem asiatisch-pazifischem Raum

15 % Europäische Aktien

10 % Inflationsgeschützte Bundeswertpapiere

10 % Anleihen finanzkräftiger US-Firmen (High yield corporate bonds)

20 % Anleihen finanzkräftiger europäischer Firmen

Bei dieser Variante liegen 60 % des Vermögens im Eimer "Risiko" und 40 % im Eimer "Sicherheit". Das Portfolio ist global ausgerichtet und berücksichtigt neue Finanzprodukte wie REITs sowie den Umstand, dass Geld heute oft mit neu gegründeten Internet-Startups verdient wird.

So kannst Du Wertpapiere und Anlagestrategien kosten- und risikofrei testen

Du hast jetzt eine ganze Menge über Wertpapiere, Risikostreuung und Finanztricks gelesen. Aber wer garantiert Dir, dass dieses ganze Zeug tatsächlich funktioniert? Die meisten Aktienbroker bieten online ein Demokonto an, in dem Du mit virtuellem Geld Wertpapiere jeglicher Art kaufen kannst. Mit diesem Demokonto **kannst Du vollkommen gratis sämtliche Aussagen in diesem Buch überprüfen**. Funktionieren die Dinge nicht so wie von mir beschrieben, gib dieses Buch zurück und drücke mir eine schlechte Rezension bei Amazon rein. Erweisen sich die Tipps und Strategien hingegen als wertvoll, darfst Du gerne das Gegenteil machen. Empfiehl dieses Buch weiter und gib mir ein paar Sterne.

Wichtiger Hinweis: *Lege nicht nur einzelne Wertpapiere in das Demokonto. Als schlauer Anleger dirigierst Du ein komplettes Orchester. Klingt eine* *einzelne Geige oder Trompete gut, kann die Gesamtkomposition trotzdem Mist sein. Alles zusammen muss gut klingen!*

Ich selbst benutze zum Testen von Wertpapieren und Anlagestrategien das Demokonto von OnVista . Alle in diesem Buch beschriebenen Vorgehensweisen wurden mit diesem Demokonto erarbeitet und überprüft.

Wurde das Demokonto angelegt, zahlst Du über „Ein-/Auszahlung vornehmen" eine Summe ein, die Du investieren willst. Keine Angst, es wird nichts von Deinem Konto abgebucht. Du handelst hier nur mit fiktivem Spielgeld.

Sobald das „Geld" auf dem Konto liegt, kannst Du Wertpapiere "kaufen". Ich werde Dir im nächsten Kapitel konkrete Wertpapiere empfehlen, Du kannst aber auch erst einmal anderes Zeug in das Depot legen und ein bisschen herumspielen. Probiere ruhig auch ein paar extreme Sachen aus, etwa griechische Junk-Bonds. Achte aber immer darauf, dass das Verhältnis zwischen risikofreien

Anlagen und Spielgeld dem Deiner beiden Asset Allocation-Kübel entspricht.

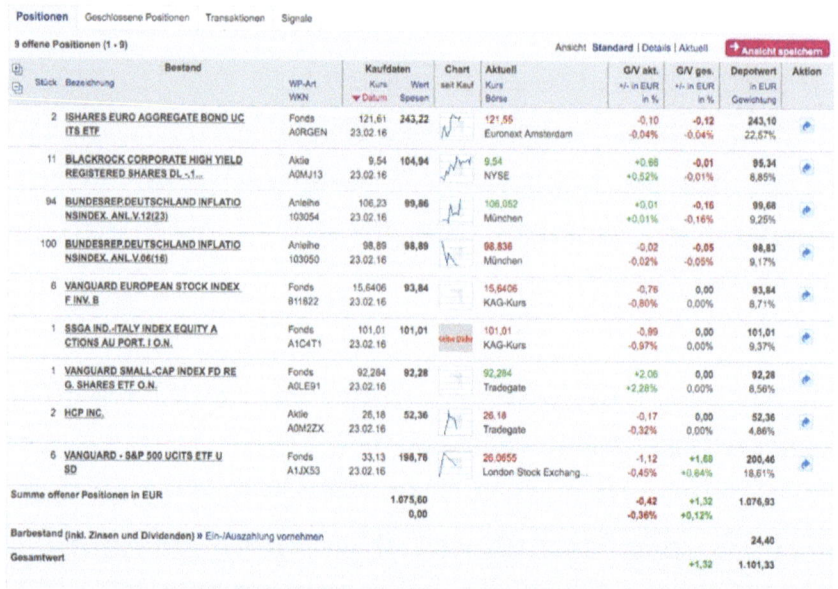

In meinem Demo-Depot liegen 40 % des Vermögens im Eimer "Sicherheit" und 60 % im Eimer "Risiko". Die Gewichtung der einzelnen Werte siehst Du in der zweiten Spalte von rechts. Außerdem siehst Du hier, dass einige Wertpapiere verlieren (rot) und andere gewinnen (grün). Nicht jeder Musiker im Wertpapierorchester spielt jeden Tag gleich gut, das ist ganz normal.

Ganz unten siehst Du den Gesamtwert Deines Wertpapierdepots. Hier wird das Urteil über das gesamte Orchester gefällt. OnVista zeigt hier wie viele Euro Du verdient (grün) oder verloren (rot) hast. Bereits am ersten Tag generierten meine Wertpapiere 1,32 Euro. Das ist nicht viel, aber ich musste dafür keine Minute lang arbeiten.

Steht bei Dir ein roter Gesamtwert oder schlägt er stark nach oben oder unten aus, weil Du irgendein extremes Wertpapier hineingelegt hast, musst Du ausbalancieren und dafür sorgen, dass Du wieder Gewinn machst.

Neben "Summe offener Positionen" siehst Du, dass ich 1.075,80 Euro für die Wertpapiere ausgegeben habe. Nur simuliert natürlich. Die Wertpapiere erzielten nach Depoteröffnung 1,32 Euro Gewinn, damit komme ich auf 1.076,93 Euro. Eine recht schmale Rendite, für den ersten Tag aber nicht schlecht.

Eine Woche später lagen bereits 1.101,96 Euro im Depot. Das war der Tag, an dem ich anfing dieses Buch zu schreiben. Wer hat für die 26 Euro gearbeitet? Menschen, die in Unternehmen angestellt sind von denen ich Aktien im Depot habe. Ihnen muss ich dafür dankbar sein. Geld, das von selbst Geld generiert, ist ein Mythos. So jedenfalls sah mein Depot nach einer Woche aus:

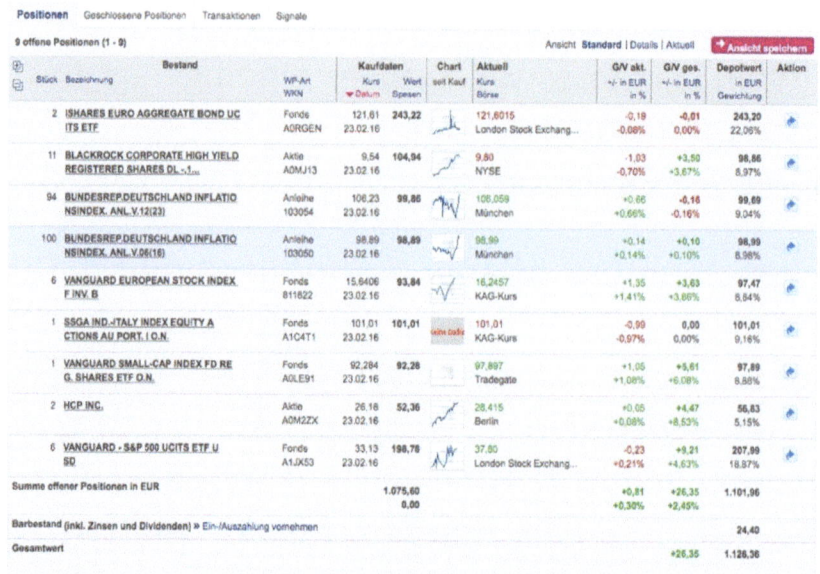

Vor allem der Small-Cap-Indexfond von Vanguard verzeichnete einen starken Kursgewinn. Das ist der Indexfond, der die Internet-Startups abdeckt.

Siehst Du einen stark gestiegenen Wert im Depot, ändert sich das Verhältnis von Sicherheit und Risiko in Deinen Eimern. Du musst entscheiden, ob Du ausbalancierst.

Bei dieser Entscheidung helfen Dir zwei Werte, die das OnVista-Depot weiter oben anzeigt. Die Volatilität gibt an, mit welcher Wahrscheinlichkeit Du Geld verlieren wirst. Bei mir betrug sie nach Einrichten des Demokontos 11,71 %. Nach einer Woche war sie auf 12 % gestiegen, weil der Small-Cap-Indexfond durch seinen Wertzuwachs schwerer wog. Handlungsbedarf besteht bei solchen Werten noch nicht. Wäre die Volatilität auf 15 % oder mehr gestiegen, hätte ich ausbalanciert, indem ich ein paar dieser Small-Cap-Wertpapiere abgestoßen hätte. Den damit gemachten Gewinn hätte ich mir auszahlen lassen oder in den Eimer "Sicherheit" gesteckt.

Der zweite Wert, Value-at-Risk, ist eine modernere Messmethode. Sie gibt an welchen Geldbetrag Du bei einer festgelegten Wahrscheinlichkeit verlieren könntest. Mein Demokonto zeigte hier

13,39 Euro und eine Wahrscheinlichkeit von 95 Prozent, dass dieses Ereignis eintreten wird. Anders ausgedrückt, könnte ich 1,21 % meines angelegten Vermögens verlieren. Dieser Wert hatte sich erfreulicherweise nicht verändert. Aber auch hier gilt: Bei extremen Schwankungen musst Du ausbalancieren. Auch wenn Du dich dabei von ein paar sehr guten Musikern trennen musst. Denke an die Gesamtkomposition!

Im Buch gebe ich immer gerade Prozentwerte an, etwa "10 % europäische Aktien". Beim Ausbalancieren wirst Du aber nie exakt auf diese geraden Werte kommen, weil die Wertpapiere krumme Preise haben. Versuche ungefähr den richtigen Wert zu treffen, beispielsweise 9,17 % für die europäischen Aktien. Die Gewichtung wird Dir in der Spalte "Depotwert" angezeigt.

Gefällt Dir die ursprüngliche Aufteilung nicht, kannst Du den Kübel "Sicherheit" vergrößern. In diesem Fall sinkt die Gesamtrendite des Depots, weil die sicheren Wertpapiere weniger Gewinn abwerfen. Gleichzeitig sinken die Werte für Volatilität und Value-at-risk, weil Du weniger Risiko eingehst. Vergrößerst Du den Eimer "Risiko", passiert genau das Gegenteil.

Durch Herumspielen mit dem Demokonto bekommst Du ein Gefühl für die Sache. Lass Dein Wertpapierorchester dort so lange proben, bis es hervorragend spielt. Erst dann eröffnest Du ein echtes Wertpapierdepot. Dort legst Du einfach die gleichen Wertpapiere wie im Demokonto hinein. Dein Orchester wird nun mit echtem Zaster weiterspielen **und Dir ein passives Einkommen in beliebiger Höhe bescheren**.

Falls Du nicht weißt, was ein passives Einkommen ist - bei dieser Arbeit leistest Du ein wenig Vorarbeit. Ich selbst musste ein wenig Gehirnschmalz in die Entwicklung des krisensicheren Wertpapierdepots stecken, zahlreiche Finanzbücher lesen und schließlich noch selbst ein Buch schreiben, damit auch andere Menschen von diesem Wissen profitieren können. Jetzt, nachdem alles fertig ist, schaue ich nur noch zu wie das System

Geld für mich verdient. Eingriffe sind nur alle sechs Monate erforderlich, wenn ich ausbalanciere. Ich studiere weder die täglichen Aktienkurse, noch rufe ich jeden Tag das Depotkonto auf. Ich habe Vertrauen zu meinem Orchester und weiß, dass es kontinuierlich gut spielt.

Im nächsten Kapitel stelle ich Dir mein eigenes Wertpapier-Orchester genauer vor. Du kannst es einfach nachbauen oder versuchen es zu verbessern. **Bedenke aber, dass Du ab dem nächsten Kapitel mit echtem Geld hantierst!**

Eine konkrete Bauanleitung für Dein krisenfestes Wertpapierdepot

Es ist soweit. Machen wir Nägel mit Köpfen. In diesem Kapitel baust Du Schritt für Schritt ein krisenfestes Depot auf, das Dir jeden Monat den Jackpot garantiert. Beachtest Du alle bisher in diesem Buch erteilten Hinweise, Tipps und Ratschläge, ist die Sache völlig ungefährlich. Du kannst bei diesem Spiel nicht verlieren.

Wichtiger Hinweis: *Trotzdem weise ich aus juristischen Gründen darauf hin, dass jeder Umgang mit Wertpapieren ein Risiko birgt. Wenn Du ein echtes Wertpapierdepot bei einer Bank oder einem Aktienbroker eröffnest, wirst Du nochmal über die Risiken aufgeklärt. Einige Online-Broker zwingen Dich einen Test zu machen, mit dem ermittelt wird wieviel Erfahrung Du mit Wertpapieren besitzt. Du musst dabei nicht das beste Ergebnis erzielen. Eine durchschnittliche Note genügt, um mit Indexfonds, Anleihen und Aktien bekannter Unternehmen handeln zu dürfen. Musterschü-*

ler, die bei diesen Tests eine glatte 1 erzielen, dürfen auch mit Derivaten, CDS und anderen Hochrisikopapieren arbeiten. Diese sind aber nicht Bestandteil der Strategie, die in diesem Buch vermittelt wird. Wir wollen nicht zocken, wir wollen ein passives Einkommen aufbauen.

1. Einen günstigen Aktienbroker finden

Um die gekauften Wertpapiere zu lagern, brauchst Du ein Depotkonto, in das Du die gekauften Wertpapiere legen kannst. Dieses Konto legst Du online bei einem Aktienbroker an. Warum nicht bei einer Bank? Banken kassieren Depotgebühren und Du solltest sämtliche Gebühren vermeiden wie der Teufel das Weihwasser. Jede Gebühr, die Du vermeiden oder mindern kannst, wirkt sich positiv auf die Rendite aus.

Im Internet sind Flatex und OnVista die günstigsten deutschen Broker. Der Kauf eines bestimmten Wertpapieres in beliebiger Menge kostet bei Flatex 5,90 Euro. OnVista verlangt nur 5 Euro, schlägt aber 1,50 Euro „Fremdspesen" auf, womit Du bei 6,50 Euro pro Order landest. Für Dein krisensicheres Depot musst du neun verschiedene Wertpapiere kaufen. Dafür zahlst Du bei Flatex insgesamt 53,10 Euro, bei Onvista 58,50 Euro. Flatex ist somit der Testsieger, darüber sind sich alle namhaften Finanzportale einig.

Eröffnest Du jetzt ein Konto bei einem dieser Broker, musst Du zur Strafe das ganze Buch noch einmal lesen. Du handelst nicht wie ein schlauer Anleger und hast Dir hohe Gebühren aufgehalst!

Richtig wäre gewesen die Macht der Globalisierung gewinnbringend zu nutzen. Über Google suchte ich nach dem günstigsten Broker weltweit und stieß nach kurzer Recherche auf den niederländischen Broker DeGiro . Dort kostet der Kauf eines Wertpapieres in beliebiger Menge nur 2,08 Euro. Für den Aufbau des krisensicheren Depots zahlte ich insgesamt 18,72 Euro. Noch dazu verzichtet dieser Broker auf das nervige Post-Ident-Verfahren. Die Identifikation erfolgt über die Hausbank, Du kannst schon nach zehn Minuten mit dem Einrichten des Portfolios loslegen.

Mit nur zehnminütiger Google-Recherche sparte ich gegenüber den üblichen Testsiegern 34,38 Euro (Flatex) beziehungsweise 39,78 Euro (OnVista). Das ist deutlich mehr als Du für dieses Buch bezahlt hast.

2. Eine Anlagesumme festlegen

Hast Du dein Depotkonto erfolgreich eingerichtet, überlegst Du dir wieviel Geld Du anlegen möchtest. Die Geldsumme kann erst einmal niedrig sein, erhöhen kannst Du später immer noch. In diesem Buch habe ich als Wert oft 1.000 Euro verwendet und bleibe bis zum Schluss dabei. Mit diesem Betrag wirst Du keine Millionen verdienen, aber innerhalb kürzester Zeit die Ausgaben für den Wertpapierkauf wieder hereinholen. Mein echtes Depot erwirtschaftete nach nur einer Woche 23 Euro. Damit hatte ich nicht nur die Kosten für die Einrichtung meines Orchesters (18,72 Euro) zurückgewonnen, es sprang zusätzlich ein kleiner Gewinn heraus (etwa 5 Euro). Dafür kriege ich noch lange keinen Ferrari, es war aber ohne Zweifel ein erster finanzieller Erfolg.

Wichtiger Hinweis: *Hier siehst Du einen der wichtigsten Unterschiede zu anderen Finanzbüchern. Die meisten davon möchten Dich zum Zocker erziehen. Deshalb wedeln die Autoren mit Millionenbeträgen vor Deinen Augen herum und versprechen Dir Villas, Ferraris, teuren Champagner und anderen Luxus. Sie handeln wie das Spielcasino und ermuntern dich zum Risiko.*

Mir geht es darum, Dir eine wirksame Anlagestrategie zu zeigen. Deshalb rate ich Dir erst einmal zu einem kleinen Betrag. Wenn Du merkst, dass Dein Orchester eine gute Rendite einspielt, erhöhst Du die Summe und erhältst dementsprechend mehr Geld ausgezahlt. Dieses Spiel kannst Du gerne bis zur Million treiben oder sogar der nächste Warren Buffett werden und Milliarden einfahren. Die grundsätzliche Technik und auch Dein einmalig eingerichtetes, krisensicheres Wertpapierdepot bleibt dabei immer gleich. Deshalb halte ich auch in den nächsten Schritten an meinen bescheidenen 1.000 Euro fest.

3. Die Anlagesumme auf Wertpapiere verteilen

Hole jetzt Deinen Taschenrechner heraus und berechne wieviel Geld Du in die einzelnen Wertpapierarten stecken willst. Am Ende sollte so etwas dabei herauskommen:

Anlagebetrag: 1.000 Euro

Aktien: 200 Euro (20 %)

REITs: 50 Euro (5 %)

US Small Cap ETFs: 50 Euro (5%)

Aktien aus dem asiatisch-pazifischem Raum: 150 Euro (15 %)

Europäische Aktien: 150 Euro (15 %)

Inflationsgeschützte Bundeswertpapiere: 100 Euro (10 %)

Anleihen finanzkräftiger US-Firmen: 100 Euro (10 %)

Anleihen finanzkräftiger europäischer Firmen: 200 Euro (20 %)

Damit hast Du einen groben Entwurf Deiner Einkaufsliste. Du weißt wieviel Geld Du für welche Wertpapiere ausgeben musst. Aber warum diese Aufteilung? Und warum die Prozentwerte?

Weil das Deine Eimer sind. Beim Erstellen dieser Liste habe ich den Trick mit der Asset Allocation angewendet. Die letzten drei Wertpapiere in der Liste sind Anleihen von stabilen westlichen Staaten oder finanzkräftigen europäischen Firmen wie Siemens und Daimler. Eines davon besitzt einen besonderen Schutz gegen Inflation. Zählst Du die Prozentwerte dieser Wertpapiere zusammen, kommst Du auf 40 %. Dinge wie Bundeswertpapiere gelten als sicher, du hast hier also meinen Kübel "Sicherheit" vor Augen.

Alle anderen Papiere bergen ein Risiko und zählen damit zum gleichnamigen Eimer. Um das Risiko einzelner Papiere zu mindern, habe ich Trick Nummer 2 angewandt: Die Diversifikation. Weil ich Aktien aus verschiedenen Wirtschaftsräumen

(USA, Asien-Pazifik, Europa) im Depot habe, wird mein Risiko gestreut. Brummt die Wirtschaft in China, steigen die asiatischen Aktien. Fallen gleichzeitig die europäischen, wird der Verlust aufgefangen. Und mit etwas Glück (das erstaunlich oft vorbeikommt) bleibt dabei noch ein wenig Gewinn übrig. Wird die USA von einer Finanzkrise gebeutelt, freuen sich die wirtschaftlichen Feinde dieses Landes. Und wo sitzen die? Im asiatisch-pazifischen Raum.

Die risikoreichsten Papiere in meinem Depot sind der REIT und der US Small Cap ETF. Beim REIT wette ich auf einen Bauboom bei Seniorenheimen, der durch in Rente gehende Baby-Boomer ausgelöst wird. Ich denke das wird passieren, könnte mich an dieser Stelle aber auch verzocken. Deshalb riskiere ich für dieses Wertpapier nur fünf Prozent des Anlagebetrags. Kommt der Bauboom tatsächlich, wird mein REIT durch die Decke gehen und vielleicht stärker werden als alle anderen Wertpapiere zusammen. Bleibt er aus, verliere ich nicht allzu viel Geld.

Der Small Cap ETF setzt auf kleine Firmen mit tollen Konzepten, die vielleicht einmal groß werden. Heutzutage sind das meistens Internet-Startups aus dem Silicon Valley. Das kann funktionieren oder in die Hose gehen. Hier wette ich mit einer Gewinnchance von 50:50. Minimiert habe ich das Risiko, indem ich nicht auf ein einzelnes Startup, sondern auf mehrere setze. Deshalb wurden hier keine Einzelaktien, sondern ein ETF gekauft.

4. Wertpapiere für das Depot auswählen

Jetzt beginnt für Dich die Qual der Wahl. Du musst aus Millionen verfügbarer Wertpapiere die Perlen herauspicken. Halte Dich dabei an die Tipps aus diesem Buch und vergiss vor allem den wichtigsten nicht: Vermeide Gebühren wo immer es irgendwie geht!

Ich bin zu Beginn dieses Buches ziemlich auf den Aktienfonds herumgetrampelt. Bietet so ein Wertpapier nichts weiter als eine angegebene durchschnittliche Rendite, kannst Du den Werbeprospekt normalerweise in die Mülltonne stecken. Bietet es allerdings Sonderleistungen wie einen hundertprozentigen Schutz vor der Kapitalertragsteuer, lohnt sich ein genauer Blick. Rechne aus wieviel Du durch die nicht fällige Steuer sparst und vergleiche diesen Wert mit der Rendite eines anderen Wertpapieres. Oft fährst Du mit dem steuerbefreiten Aktienfond besser, auch wenn er Managementgebühren kostet.

Während deutsche Aktienbroker horrende Gebühren für den Zugriff auf amerikanische Aktien verlangen, läuft der Kauf solcher Wertpapiere bei DeGiro genauso einfach und unkompliziert ab wie das Ordern deutscher Aktien. Ohne Extrakosten. Du musst nach dem Kauf allerdings ein Steuerformular ausfüllen, damit Du nicht von zwei Ländern besteuert wirst. Dafür kannst Du dir aber die unschlagbar günstigen Wertpapiere von Vanguard ins Depot holen.

Wichtiger Hinweis: *Der aktuelle Kurs eines Wertpapiers ist nur für Spekulanten interessant. Deshalb gebe ich Dir jetzt einen Tipp, für den mich jeder Finanzberater steinigen wird:* **Achte nicht auf den aktuellen Kurs!** *Als ich meine Papiere kaufte,* *ging es den Aktien gerade schlecht. Der S&P 500-Index war ins Bodenlose gefallen und sämtliche Analysten waren sich einig, dass die Talfahrt weitergehen wird. Trotzdem kaufte ich den S&P 500 ETF von Vanguard. Ich weiß, dass Anleger in vermeintlich sichere Wertpapiere wie Anleihen oder Gold flüchten sobald die Aktienkurse fallen. Das eine steigt, das andere fällt. Ich weiß außerdem, dass sich die Situation wieder umkehren wird.*

Ich will Dich nicht beim Kauf Deiner Wertpapiere beeinflussen. Es ist Dein Geld, das du investierst. Aber ich will auch nichts verschweigen und Butter bei die Fische machen. Deshalb stelle ich Dir jetzt konkret die Wertpapiere in meinem eigenen, krisensicheren Depot vor:

Aktien: Vanguard S&P 500 UCITS ETF (WKN: A1JX53), Wert: ca. 200 Euro = 20 %

Dieser thesaurierende Indexfonds enthält Aktien der 500 finanzstärksten Firmen in den USA, darunter Microsoft, Apple und Amazon. Es handelt sich dabei um einen Nachbau des S & P 500 Index von Standard & Poors. Die Verwaltungsgebühr beträgt 0,7 % pro Jahr, einen Ausgabeaufschlag (Agio) oder sonstige Gebühren gibt es nicht.

REITs: HCP Healthcare REIT (WKN: A0M2ZX), Wert: ca. 50 Euro = 5 %

Dieser REIT konzentriert sich auf Krankenhäuser und Seniorenheime. Kurz bevor ich ihn kaufte, wurde HCP in den S&P 500-Index von Standard & Poors aufgenommen, was den Kurs des REIT deutlich nach unten zog. Inzwischen erholt er sich wieder, richtig steil nach oben steigen dürfte er aber erst wenn die Baby-Boomer tatsächlich in Rente gehen. Kursverluste gleicht dieser REIT über Dividendenzahlungen aus. Beachte, dass REITs nicht ein ganzes Leben lang im Portfolio liegen sollten. Dieses Papier musst Du verkaufen bevor die Anzahl neuer Rentner durch den Pillenknick zurückgeht. Handelst Du zu spät, wird dich dieser REIT Geld kosten anstatt es zu vermehren.

US Small Cap ETFs: Vanguard Small Cap ETF (WKN: A0LE91), Wert: ca. 50 Euro = 5 %

Die meisten erfolgreichen Internet-Startups kommen aus dem Silicon Valley. Deshalb kommt für mich bei diesem Thema nur ein amerikanisches Wertpapier in Frage. In einem Small Cap-Indexfond befinden sich nur kleine Firmen, die vielleicht irgendwann einmal groß werden. Sollte das passieren, rast dieses Wertpapier steil nach oben. Es kann allerdings genau so steil nach unten gehen. **Das hier ist ein Ticket für die Achterbahn!** Alleine würde ich so etwas niemals in mein Depot legen. Zusammen mit den anderen Wertpapieren, die das Berg- und Talfahren ein bisschen dämpfen, geht es aber problemlos.

Aktien aus dem asiatisch-pazifischem Raum: Vanguard FTSE Pacific ETF (WKN: A1C4T1),
Wert: ca. 150 Euro = 15 %

Nachdem ich Amerika weitgehend abgedeckt habe, hole ich den asiatisch-pazifischen Markt ins Boot. Auch hier geht es oft rauf und runter. Als ich den ETF kaufte, lief es in China schlecht und in Japan gut. So eine Konstellation gleicht Kursverluste aus. Insgesamt ist Asien definitiv ein Wachstumsmarkt. Die Länder im pazifischen Raum fangen dank amerikanischer Finanzspritzen gerade an sich gut zu entwickeln.

Europäische Aktien: Vanguard European Stock Index Fund (WKN: 811822), Wert: ca. 150 Euro = 15 %

Mit diesem thesaurierenden Indexfond hole ich die 1.200 finanzstärksten europäischen Firmen, darunter Nestle, Unilever und Siemens, ins Depot. Die Verwaltungsgebühr beträgt nur 0,26 %.

Inflationsgeschützte Bundeswertpapiere (WKN: 103054), Wert: ca. 100 Euro = 10 %

Hier setze ich auf deutsche Sicherheit. Weil diese Wertpapiere ständig neu aufgelegt werden, ändert sich die Kenn-Nummer (WKN) hin und wieder. Die Laufzeit beträgt 10 bis 30 Jahre. Kaufe Bundeswertpapiere nicht bei einer Bank, denn dort werden hohe Depotgebühren fällig, die nichts von der schmalen Rendite übriglassen. Aktienbroker wie Flatex, OnVista und DeGiro verlangen keine Depotgebühren. Dort legst Du die Bundesanleihen einfach zu den anderen Wertpapieren. Alternativ kannst Du sie kostenlos bei der Deutschen Finanzagentur lagern. Die Besonderheit an diesem Wertpapier ist, dass es vor Inflation geschützt ist.

Anleihen finanzkräftiger US-Firmen: iShares High Yield Corporate Bond UCITS (WKN: A1J0ZA), Wert: ca. 100 Euro = 10 %

Dieser Rentenfond setzt hauptsächlich auf finanzstarke US-Firmen (87 %), enthält aber auch Anleihen aus Luxemburg, Kanada und Großbritannien. Verwaltet wird dieser Fond vom Finanzdienstleister BlackRock. Der ist nicht gerade günstig bei den Verwaltungsgebühren, bei einem ähnlichen Wertpapier von Vanguard konnte ich aber trotz größter Mühen keine zugewiesene WKN finden, was den Kauf des günstigeren Produktes unmöglich machte. Sollte ich die WKN irgendwann finden, tausche ich den vorhandenen Fond einfach aus uns senke damit die Gebühren.

Anleihen finanzkräftiger europäischer Firmen: iShares Euro Aggregate Bond UCITS (WKN: A0RGEN), Wert: ca. 200 Euro = 20 %

Im Prinzip das gleiche Produkt wie oben, nur eben auf Europa beschränkt. Die größten Anteile darin halten Deutschland und Frankreich. Großbritannien ist mit 2,65 % nur schwach vertreten, das habe ich aber bereits mit dem anderen iShares-Fond abgedeckt.

Wie Du siehst, entspricht die Aufteilung exakt den Angaben unter Punkt 3. Mit Hilfe der WKN-Nummern kannst Du dieses Portfolio kinderleicht nachbauen. Lass es eine Weile im Demokonto laufen und schau Dir an wieviel Geld es Dir bringen würde. Bist Du von meinem Vorschlag überzeugt, legst Du die Wertpapiere in ein echtes Depot und kassierst echtes Geld.

Probiere im Demokonto gelegentlich andere Strategien und Wertpapiere aus. Ich mache das auch. Finde ich neue, bessere Wertpapiere oder eine optimalere Einteilung meiner Eimer, informiere ich meine Stammkunden über einen Newsletter, den Du auf **www.markushermannsdorfer.com** abonnieren kannst. Ich weiß, Du hast schon alle möglichen Newsletter abonniert. Aber glaube mir, dieser hier lohnt sich finanziell. Und zwar gewaltig!

Damit sind wir fast am Ende dieses Buches angelangt. Du hast alles gelernt, um finanziell unabhängig zu werden. Generiert Dein Wertpapierdepot genug Geld, besteht kein Zwang mehr sich Geld durch Arbeit zu verdienen. Du kannst weiterarbeiten, wenn Dir dein Job Spaß macht, es geschieht aber freiwillig.

Um dieses Buch komplett zu machen, hänge ich noch ein letztes Kapitel an, in dem ich beschreibe was Du mit deiner finanziellen Unabhängigkeit anfangen kannst. Im besten Fall nutzt Du sie zum Wohle der Menschheit. Lass uns auf der letzten Station unserer gemeinsamen Reise einen Blick auf Deine großartige Zukunft werfen. Du wirst es garantiert nicht bereuen.

Ein paar Gedanken über Deine neue finanzielle Freiheit

In diesem Buch fällt oft der Begriff "finanzielle Freiheit". Aber was bedeutet das eigentlich? Die meisten Menschen arbeiten nicht, weil es ihnen Spaß macht. Arbeiten ist eine Notwendigkeit. Jeder von uns muss seine Rechnungen für Miete, Strom, Lebensmittel, Versicherungen und andere wichtige Dinge bezahlen. Dafür brauchen wir Geld, deswegen suchen wir uns einen Job. Benötigst Du mehr Geld, erklimmst Du mit Hilfe von Fortbildungskursen, Speichellecken beim Chef - und vielleicht auch Mobbing - die Karriereleiter. So haben es viele Generationen vor uns gemacht. Unsere Eltern erziehen uns zu diesem Verhalten. Schreib gute Noten in der Schule, lerne einen anständigen Beruf, dann hast du später mal eine gute Rente. Kommt Dir der Spruch bekannt vor?

Leider stammt diese Erziehung aus dem 19. Jahrhundert, genau gesagt dem Zeitalter der ersten Industrialisierung. Sie ist nicht mehr zeitgemäß. Frage Deine Eltern doch einmal was sie von Hochfrequenz-Handel, der Steuerung von Geschäftsprozessen durch RFID-Chips oder vollautomatischen Börsen halten, an denen Roboter mit Computern handeln. Sie werden ahnungslos die Schultern heben, weil sie nicht wissen was das alles ist. Oder sie werden diese Dinge als Science-Fiction betrachten und Dir weiter ihre veralteten Ratschläge geben.

Diese Dinge sind aber kein Science-Fiction. Sie sind längst Realität und beeinflussen unsere Arbeitswelt immer stärker. Supermärkte entlassen ihre Kassiererinnen, weil die Warenpreise über RFID-Funkchips eingelesen werden können. Über eine drahtlose NFC-Verbindung wird das Geld vollautomatisch von Deinem Konto abgebucht, niemand muss hier noch Bargeld kassieren. Vor allem die Edeka-Gruppe baut immer mehr solche Supermärkte. Auch den Hochfrequenz-Handel gibt es. Die vollautomatischen Börsen heißen in Amerika NASDAQ, in Deutschland Xetra.

Die Hälfte der heute existierenden Jobs wird in spätestens 20 Jahren verschwunden sein, schreibt die Universität Oxford in einer Studie über die Zukunft des Arbeitsmarktes. Ähnlich sehen es die Analysten der amerikanischen Großbank Merrill Lynch. Sie schätzen, dass schon bald 47 Prozent aller Jobs von Maschinen übernommen werden. Es gibt auch schon erste Beweise für diesen Trend: Foxconn, der weltweit größte Zulieferer im Hightech-Bereich, ersetzt derzeit 10.000 seiner insgesamt 1,2 Millionen Mitarbeiter durch Fertigungsroboter. Innerhalb von drei Jahren sollen nach einem Bericht des taiwanesischen Branchendienstes Xinhua eine Million Menschen ersetzt werden. Die aktuellen Modelle von iPhone und iPad werden gar nicht mehr von Menschen hergestellt. So sieht die Zukunft der Arbeit aus, ob es Dir gefällt oder nicht.

Die Auswirkungen dieser stark zunehmenden Automatisierung kannst Du heute schon sehen. Immer mehr Menschen prügeln sich um immer weniger Jobs. Wer einen davon ergattert, versucht verzweifelt im Boot zu bleiben. Mobbing und Burnout-Fälle nehmen dramatisch zu. Die Arbeitgeber nutzen die Situation schamlos aus und fordern immer mehr Arbeit für weniger Geld. Vor einigen Jahren waren nur einfache Fabrikarbeiter, deren Jobs sich besonders leicht automatisieren ließen von diesen Dingen betroffen. Heute bevölkern auch Akademiker und sogar Nobelpreisträger das Arbeitsamt und leben dauerhaft von Hartz IV. Denn auch anspruchsvolle Aufgaben können dank der technischen Weiterentwicklung inzwischen automatisiert werden.

Einige Menschen, darunter der aus den Medien bekannte Gründer der dm-Drogeriekette Götz Werner, beschäftigen sich schon seit längerer Zeit mit diesem Problem. Werner wurde durch seinen Vorschlag eines bedingungslosen Grundeinkommens bekannt. Jedem Bürger, vom Baby bis zum Greis, soll der Staat 1.000 Euro monatlich geben. Ohne Verpflichtungen, einfach so. Damit würde der Zwang zu arbeiten entfallen, die Leute würden es nur noch tun, wenn sie Lust darauf haben. Finanzieren will Götz Werner dieses Grundeinkommen über eine deutlich höhere Umsatzsteuer. Alle anderen Steuern sollen dafür komplett gestrichen werden.

Leider funktioniert die Idee mathematisch nicht. Ein nüchterner Blick auf die Zahlen zeigt sofort, dass sich das Modell nicht rechnet. Deutschland hat, zum Zeitpunkt der Entstehung dieses Buches, 81,5 Millionen Einwohner. Geben wir jedem von ihnen 1.000 Euro, ergibt das Staatsausgaben in Höhe von 8,1 Milliarden Euro pro Monat. Pro Jahr müsste der Staat 978 Milliarden für das Grundeinkommen ausgeben. Laut einer Erhebung des Online-Portals Statista nahm der deutsche Staat im Jahr 2015 aber „nur" 671,7 Milliarden Euro ein. Für das Jahr 2020 rechnet Statista die Einnahmen auf 795,6 Euro hoch. Das bedeutet: Selbst mit den zahlreichen Steuern, die wir heute auf so ziemlich alles bezahlen, würde das eingenommene Geld nicht für ein bedingungsloses Grundeinkommen nach dem Modell von Götz Werner reichen. Hinzu kommt, dass der Staat nicht nur das Grundeinkommen, sondern auch viele andere Dinge wie Müllabfuhr und Polizei finanzieren muss. Die Umsatzsteuer - bei diesem Modell die einzige Einnahmequelle - müsste so weit erhöht werden, dass das Geld am Ende wieder nicht zum Leben reicht. Und der Bürger ist wieder gezwungen zu arbeiten.

Einen anderen Ansatz liefert dieses Buch. Auch das krisenfeste Wertpapierdepot soll den Menschen ein Einkommen liefern, das sie vom Arbeitszwang und der Notwendigkeit, sich um immer weniger vorhandene Jobs zu schlagen, befreit. Ich benutze aber nicht den Staat, sondern die Börsen als Geldlieferanten. Auf diese Weise nutze ich vorhandene technische Errungenschaften ohne den Staat in noch mehr Schulden zu stürzen oder gar komplett auf Geld zu verzichten. Die Automatisierung lässt sich nicht aufhalten. Aber wir können sie zu unserem Vorteil nutzen.

Die Stimmen der Kritiker

Ich weiß, dass mir die Idee eines automatisch generierten passiven Einkommens auch Kritik einbringen kann und wird. Was passiert denn mit der Welt, wenn niemand mehr arbeitet? Brauchen wir die Arbeit denn nicht? Stell Dir vor, es gibt keine Ärzte mehr. Wir würden alle an Seuchen krepieren!

...und meine Antwort darauf

Keine Angst, diese Schwarz-Weiß-Malerei wird nicht eintreten. Das glatte Gegenteil wird passieren. Ärzte sind heute einem starken Erfolgsdruck ausgesetzt. Wir haben alle schon Geschichten von Chirurgen gehört, die 30 Stunden in der Notaufnahme stehen. Die Chirurgen machen es, weil sie müssen. Verweigern sie den Dienst, verlieren sie ihren Arbeitsplatz und können ihre Miete nicht mehr bezahlen.

Jetzt stell Dir vor, ein Chirurg hat sich ein krisenfestes Wertpapierdepot aufgebaut und weiß, dass seine Miete durch das passive Einkommen immer pünktlich bezahlt wird. Er muss sich keine Sorgen mehr darüber machen. Verlangt sein Chef jetzt, dass er sich 30 Stunden lang in die Notaufnahme stellt, kann er ihm den Stinkefinger zeigen und darauf hinweisen, dass so eine Arbeitsweise schlecht für die Patienten ist. Niemand kann sich dreißig Stunden voll konzentrieren. Schlafmangel und andere Dinge lassen die Hände des Chirurgen zittrig werden, es kommt zu Fehlern, die tödlich enden können. Ich weiß nicht, wie Du das siehst, aber ich möchte nicht von einem Typen mit zittrigen Händen, der an akutem Schlafmangel leidet, operiert werden.

Was passiert als nächstes? Der Chef könnte ihn rauswerfen, keine Frage. Unser Chirurg wird dadurch aber nicht in Geldnot geraten. Die Miete wird weiter pünktlich bezahlt. Er kann sich seelenruhig nach einem besseren Krankenhaus umsehen oder eine eigene Praxis eröffnen und dort operieren. Oder zu den Ärzten ohne Grenzen gehen und in Krisengebieten helfen. Chirurgen lernen ihren Beruf aus Überzeugung. Sie wollen Krankheiten heilen. Wo genau und für wieviel Geld sie das tun, ist nebensächlich, so lange sie ihre Familien ernähren können.

Schauen wir uns einen anderen Berufszweig an, den des Multimilliardärs. Leute wie Warren Buffett, Richard Branson oder Mark Zuckerberg müssen eigentlich nicht mehr arbeiten. Sie besitzen mehr Geld als ein Mensch jemals ausgeben könnte. Trotzdem arbeiten sie. Nicht weil sie müssen, sondern aus Überzeugung. Buffett liebt das Handeln mit Aktien. Warum sollte er damit aufhören? Richard Branson möchte die Welt verbessern und Touristen in den Weltraum bringen. Das ist seine Motivation, nicht das viele Geld.

Buffett ist zum Zeitpunkt der Entstehung dieses Buches 82 Jahre alt. Dieser Mann hat das deutsche Rentenalter weit überschritten und geht trotzdem jeden Tag ins Büro! Richard Branson ist 67. Auch er denkt nicht ans Aufhören. Mark Zuckerberg ist mit 31 Jahren noch sehr jung. Setzt sich dieser Mann frühzeitig zur Ruhe? Nein. Er entwickelt Facebook ständig weiter.

Warum machen diese Leute das? Warum genießen sie nicht einfach ihr Geld und fahren in Urlaub? Aus dem gleichen Grund wie der Chirurg.

Diese Menschen haben eine Mission, ein höheres Ziel. Branson will die Welt verbessern, Zuckerberg das Internet verändern, der Chirurg will Menschen heilen. Das treibt sie an, das ist ihr Lebensinhalt. Geld interessiert sie nur sekundär.

Es kommt noch verrückter: Weil die reichen Menschen das viele Geld nicht ausgeben können und weil irgendwann auch der schönste Ferrari zu einem alltäglichen Gebrauchsgegenstand wird, fangen die Milliardäre an zu überlegen. Ins Grab können sie ihren Besitz nicht mitnehmen. Wozu soll er dann gut sein? Plötzlich beschließen die vermeintlichen Geizhälse ihr Geld dem Wohl der Menschheit zur Verfügung zu stellen. Bill Gates, der reichste von allen, verwendet sein Geld für die weltweite Bekämpfung der Malaria. Richard Branson spendet einen Großteil seines Vermögens, um Kindern in aller Welt eine faire Chance auf Wohlstand zu geben. Warren Buffett repariert mit 99 % seines Vermögens das hoffnungslos veraltete und korrupte Bildungssystem in den Vereinigten Staaten, weil er weiß, dass Bildung das größte Geschenk an die Menschheit ist.

Ein Blick in Deine eigene Zukunft

Was wirst Du tun, nachdem Du finanziell unabhängig geworden bist? Dieser Zustand tritt ein, sobald das krisensichere Wertpapierdepot alle monatlichen Ausgaben bezahlt und noch etwas Geld für Luxus übrig bleibt. In den ersten Monaten oder Jahren wirst Du zuerst einmal Deine finanzielle Freiheit genießen. Du wirst Dir ein paar Urlaubsreisen und ein schickes Auto gönnen. Und Du wirst dafür sorgen, dass es auch deiner Familie gut geht. Aber was dann?

Es ist Unsinn Geld oder Statussymbole anzuhäufen wie Dagobert Duck. Du kannst das Zeug nicht mit ins Grab nehmen. Sobald Du ausgesorgt hast (das ist ein anderer Ausdruck für finanzielle Freiheit), wirst Du dir überlegen welchen Sinn das alles macht und wie Dein Leben weitergehen soll.

Kommst Du zum gleichen Ergebnis wie die oben genannten Milliardäre, und setzt Du deinen Wohlstand zum Wohl der Menschheit ein, geht die Saat, die ich mit diesem Buch und auch den anderen Bücher der Just be free-Serie säen will auf. Andere Menschen profitieren von Dir, ohne dass Du selbst Abstriche machen musst. Du könntest ganz ohne Zeitdruck Dinge entwickeln, die uns allen das Leben erleichtern. Ein fliegendes Auto vielleicht, damit wir nicht mehr im Stau stehen müssen. Oder ein Medikament gegen Krebs und Aids. Dafür brauchst Du eine höhere Mission, eine Berufung. Viele Menschen haben Schwierigkeiten ihre Berufung zu finden, weil sie sich täglich auf andere, vermeintlich wichtigere Dinge konzentrieren müssen. Die Miete muss bezahlt werden, der Chef in der Arbeit verlangt volle Konzentration auf das Wesentliche: Seinen Wohlstand. Die eigenen Kinder müssen erzogen werden. Das alles kostet Zeit und davon hat man immer zu wenig, nicht wahr?

Ich selbst war diesem Zeitdruck auch lange Zeit ausgesetzt. Ja, auch ich habe gebuckelt und brav für die Rente gespart. Schickt ein Autor ein Expose, das ist ein grober Vorschlag für ein Buch, an einen Verlag, kann es passieren, dass dieser Verlag Blut leckt. Danach geht der Stress richtig los.

In spätestens zwei Wochen brauchen wir das fertige Manuskript! Zeit ist Geld, die Konkurrenz schläft nicht. Hau in die Tasten Autor! Pronto!

Was kommt heraus? Schnell hingeschriebene Bücher, die kaum Nutzwert bieten und den Leser ärgern. Wie oft hast Du schon Bücher gekauft, die ihr Geld nicht wert waren? Ich hoffe, es war keines von mir dabei. Aber ich kann es nicht ausschließen. Viele sind unter Stress entstanden und wer Stress hat, macht Fehler.

Das krisenfeste Wertpapierdepot half mir aus dieser Klemme. Weil die monatlichen Kosten auch bezahlt werden, wenn ich nicht arbeite, kann ich mir für ein Buch heute so viel Zeit lassen wie ich will. Ist es nicht gut genug, überarbeite ich es und schleife die Buchstaben und Seiten so lange, bis sie glänzen. Im täglichen Verlagsgeschäft wäre so etwas undenkbar, zumindest für 99 % aller Autoren. Ein Stephen King oder Dan Brown kann sich natürlich mehr Rechte herausnehmen und damit den Zeitdruck verringern. Aber in dieser Liga spiele ich nicht. Deshalb musste ich eine andere Möglichkeit finden, um Stress und Zeitdruck loszuwerden. Die Geburtsstunde meines Wertpapierorchesters und auch dieses Buches war gekommen.

Ohne Zeit- und Arbeitsdruck passierten plötzlich wundersame Dinge. Weil die neuen Bücher mehr Qualität hatten, wurden sie häufiger von Lesern weiterempfohlen und gekauft. Ich verdiente mehr Geld. Einen Teil davon steckte ich in mein Wertpapierdepot, das jetzt noch schneller wuchs und mehr als nur die notwendigen Ausgaben finanzierte. Es wurde Zeit ein wenig Luxus zu genießen. Her mit den Ferraris, Baby!

Es folgte eine Sturm und Drang-Zeit mit Reisen, Partys und viel Alkohol. Bis es langweilig wurde. Bei meinem letzten Urlaubstrip in die Vereinigten Arabischen Emirate wurde mir klar, dass es mehr im Leben gibt als das Streben nach Geld und Statussymbolen. Und dass es verdammt viele unglückliche Millionäre auf diesem Planeten gibt.

Ich machte lange, einsame Strandspaziergänge und versuchte meinen Kopf von allem freizukriegen. Dann geschah es. Aus heiterem Himmel, einfach so. Mit einem Mal hatte ich meine Berufung glasklar vor Augen. So schnell ich konnte, lief ich zurück zum Hotel, holte einen Notizblock heraus und schrieb den folgenden Satz auf:

Ich will alle Menschen unabhängig von Zeit, Geld und Arbeit machen

Das ist meine Berufung, mein Ziel. Es scheint in diesem Buch überall durch. Warum rate ich Menschen dazu sich ein krisensicheres Wertpapierdepot anzulegen und das Geldverdienen zu automatisieren? Weil es sie vom Zwang des Geldverdienens befreit. Ist dieses Ziel erreicht, bist Du gleichzeitig frei vom Arbeitszwang. Du kannst arbeiten, musst es aber nicht tun. Wenn Du arbeitest, dann nur, weil es Dir Spaß macht oder weil Du einen Sinn darin siehst. Du kannst auch den Ort wo Du arbeitest frei wählen. Und Du musst dich nicht mehr an Termine halten. Weil Du auch frei von der Zeit bist.

Ginge es nach den Kritikern des passiven Einkommens, würde ich aufhören zu arbeiten und nur noch faul in der Sonne liegen. Das passiert aber nicht. Ich denke nicht daran aufzuhören. Qualitativ hochwertige Bücher mit hohem Nutzwert zu schreiben, macht Spaß. Eine schönere Arbeit kann sich ein Autor nicht vorstellen. Warum also damit aufhören? Mit macht auch die Automatisierung von Dingen wie dem Geldverdienen Spaß. Es wäre schade, wenn dieser Spaß endet. Auch das Reisen, fotografieren und was ich sonst noch gerne mache, wird weitergehen.

An die Rente oder einen goldenen Lebensabend denke ich nie. Ich gönne mir schon jetzt regelmäßige Auszeiten, obwohl ich noch weit vom Rentenalter entfernt bin. Immer dann, wenn ein Projekt erfolgreich abgeschlossen wurde, geht es ab in die Karibik oder sonst wohin.

Hat mich das passive und automatisierte Einkommen geizig oder gierig gemacht? Ich hoffe nicht. Meine Mission sieht nicht vor der nächste Warren Buffett zu werden. Ich brauche keine Milliarden. Ich brauche nur so viel, dass die monatlichen Rechnungen für mich und meine Familie bezahlt sind und noch ein wenig für Notfälle und Reisen übrig bleibt. Es gibt keinen Grund mit einer Sache zu geizen, die jeden Monat automatisch wieder aufgefüllt wird. Gierig muss ich auch nicht sein. Es ist kinderleicht das monatliche Einkommen zu steigern. Ich könnte einen befristeten Job annehmen, ein Jahr arbeiten und während dieser Zeit mehr Geld in das Wertpapierdepot stecken. Oder mehr Bücher schreiben. Merke ich, dass die Kasse knapp wird, mache ich das.

Wie sieht Dein Plan aus? Was wird Deine Mission sein, nachdem Du finanzielle Freiheit erlangt und die darauf garantiert folgende Sturm und Drang-Zeit überstanden hast? Ich freue mich auf den Tag, an dem Du deine Berufung finden wirst und damit beginnst der Menschheit zu mehr Wohlstand zu verhelfen. Vielleicht wirst Du derjenige sein, der ein Mittel gegen den Klimawandel findet oder das ganze Plastik aus dem Meer fischt. Oder einfach einem Kind in der Nachbarschaft hilfst, weil Du der einzige bist, der sich dafür Zeit nehmen kann. Das ist der wahre Jackpot!

Lass uns gemeinsam die Welt zu einem besseren Ort machen. Betrachte Geld nicht länger als schnöden Mammon, Machtinstrument oder Notwendigkeit. Betrachte jeden einzelnen Cent als Freiheitskämpfer, der für Deine Freiheit kämpft. Ein sorgenfreies und erfülltes Leben, von dem auch andere Menschen profitieren, muss keine Utopie für Dich bleiben. Das krisensichere Wertpapierdepot ist der zweite Schritt auf dem Weg dorthin. Den ersten bist Du bereits gegangen als Du dieses Buch gekauft und gelesen hast.

Danksagung

Zufällige Begegnungen mit anderen Menschen können neuen Stoff für Bücher liefern und manchmal sogar die eigene Zukunft gravierend verändern. Diese Lektion lernte ich mit einem Bier in der Hand an Bord eines Kreuzfahrtschiffs der Carnival Cruise Lines.

Joel Drapper, ein 23-jähriger Student aus New Jersey (USA), dem mein besonderer Dank gilt, gewährte mir einen tiefen Einblick in die Welt des Wertpapierhandels und lieferte damit den wichtigsten Baustein für dieses Buch. Sein Vater Graeme, ein Investmentbanker, den ich später ebenfalls kennen lernen durfte, vertiefte und ergänzte das neu erworbene Wissen. Zusätzlich verschaffte er mir Kontakt zu bekannten amerikanischen Milliardären, darunter Warren Buffett und Richard Branson, die mir ohne Eigennutz weitere fachkundige Ratschläge für dieses Buch gaben. Auch ihnen gilt mein Dank.

Erstaunlicherweise hatte kein einziger dieser superreichen Menschen etwas dagegen, dass ihr Wissen einer breiten Öffentlichkeit zugänglich gemacht wird. Im Gegenteil, sie wünschen es sich sogar. Warren Buffett hat selbst schon einige Bücher veröffentlicht, in denen er seine besten Anlagestrategien offen legt. "Es ist eigentlich gar nicht nötig, mich nach Anlagestrategien zu fragen. Es steht alles in meinen Büchern", antwortete mir der Multimilliardär in einem Interview. Schnell stellte sich heraus, dass wir als Autoren das gleiche Ziel verfolgen: Jedem Menschen seine persönliche finanzielle Freiheit zu schenken, indem wir das nötige Fachwissen vermitteln.

Neben Finanzstrategien lehrt dieses Buch auch Techniken zur Automatisierung sowie die Vermeidung unnötiger Arbeit, wo immer es möglich ist. Den technischen Teil lernte ich unter anderem beim Computermagazin CHIP, für das ich elf Jahre lang schrieb. Die nötige Geisteshaltung zur Vermeidung von Arbeit verschaffte mir Fred Gratzon, Autor des Buches " The lazy way to success ", das ich jedem Leser wärmstens empfehle.

Ebenfalls wichtig für ein qualitativ hochwertiges Buch ist jemand, der sämtliche Rechtschreibfehler - egal, ob von mir selbst oder von der nervigen Rechtschreibkorrektur bei Apple-Rechnern verursacht - zuverlässig aufspürt und entfernt. Diese Aufgabe erledigte meine langjährige Lektorin Sandra Schwarz wie immer perfekt. Und strich auch ein paar Passagen, in denen ich mich zu stark in Details verlor. Vielen Dank für Deine schier unzerstörbare Geduld mit mir.

Für das hübsche Buchcover sorgte Corey Landis, ein Autorenkollege, der zufällig auch noch gut mit Photoshop und Illustrator umgehen kann.

Ferner gilt mein Dank dem Team des Tredition Verlages, das mir alle für die Veröffentlichung notwendigen Werkzeuge zur Verfügung stellte und mich beim Vertrieb des Buches unterstützt.

Mein letzter und größter Dank gilt allen Lesern, die dieses Buch gekauft haben und dabei helfen, das darin vermittelte Wissen weiter zu verbreiten, indem sie es für sich selbst anwenden. Erlangst Du selbst finanzielle Freiheit, werden garantiert andere Menschen auf Dich zu kommen und fragen, wie zum Teufel Du das angestellt hast. Empfiehlst Du ihnen mein Buch, hilfst Du aktiv mit die viel zitierte Schere zwischen Arm und Reich zu schließen. Die meisten sozialen Ungerechtigkeiten entstehen durch fehlende Bildung. Dieses Buch ist eine Waffe dagegen.